부와 풍요로움을 향해 나아가는 당신의 앞날에
열렬한 응원을 보냅니다.

_____ 님께

_____ 드림

박영옥 지음

대한민국 최고 투자자 주식농부의

주식투자
절대 원칙

센시오

萬物靜觀皆自得(만물정관개자득)

고요하고 평온한 마음으로 사물을 바라보면

그 이치와 흐름을 저절로 알게 되니

四時佳興與人同(사시가흥여인동)

사계절의 아름다운 흥취를

더 많은 이들과 함께 나눌 수 있지 않겠는가

– 정호(程顥), 〈秋日偶成(추일우성)〉

"여보, 당신하고 똑같은 말을 하는 사람이 있어!"

주식농부 박영옥 대표가 책을 출판한다며 원고를 보내주었을 때, 무척이나 반가웠다. 박 대표의 투자 정수를 담은 전무후무한 역작이기에 더욱 그랬다.

주식투자 열풍과 더불어 수많은 책들이 앞다퉈 베스트셀러 리스트를 독점한다. 그런데 정말 도움이 될지 의문이 드는 경우가 많다. 단기 매매에 관해 다룬 책들이 오히려 새로이 주식투자를 시작하는 이들에게 잘못된 영향을 끼치지 않을까 두렵다. 단기간에 큰돈을 벌 수 있다고 유혹하는 이들도 많다.

나는 평소 농부가 농사를 짓듯이 주식투자를 해야 한다는 박 대표의 소신에 동의할 뿐 아니라 경외감에 가까운 존경심을 품어왔다. 이 책은 내가 평소 궁금했던 그의 투자 철학과 방법론 등 설득력 있고 실용적인 강력한 메시지를 담고 있다. 본인이 실제 주식투자를 통해 큰 부를 일군 산증인이므로 메시지의 진실성이 강력하다. 어려운 용어를 쓰지 않고 친절하고 알기 쉽게 투자의 원칙을 알려준다.

박영옥 대표와의 인연은 10여 년 전으로 거슬러 올라간다. 당시 나는 뉴욕에 있었기에, 박 대표의 존재를 신문기사로만 접했고 궁금증만 안고 지냈다. 주식을 단기적으로 사고파는 것을 당연시 여기는 한국 주식시장에서 올바른 철학으로 크게 성공한 투자가가 있다는 것이 신기하고 신선했다. 7년 전 라디오에서 '주식투자는 반드시 해야 하고 장기적인 관점의 투자 철학이 필요하다'는 요지의 강연을 한 다음, 박 대표에게 직접 연락을 받았다. 그의 부인이 우연히 라디오를 듣다가 놀라서 '당신이 입에 달고 살던 말을 똑같이 하는 사람이 있다'며 전했다는 것이다. 이후로는 수시로 소통하며 서로 배우고 자극받는 좋은 관계를 이어오고 있다.

주식투자가 위험하다고 여기는 이들이 많다. 그러나 긴 인생에서 주식투자를 하지 않는 쪽이 더 위험하다. 주식투자는 평범한 사람이 부자가 되는 거의 유일한 길이다. 그러나 잘못된 편견에 사로잡혀 있으면 주식투자는 오히려 해가 된다. 잘못된 편견에서 벗어나는 것이 중요하다. 이 책은 주식투자의 올바른 관점을 세우고 진정한 부와 성취를 이뤄갈 좋은 길잡이가 될 것이다. 한 사람이라도 더 부자의 길로 들어서길 바라며 이 책을 기꺼이 추천한다.

— 존 리 John Lee, (메리츠자산운용 대표)

주식투자의 '절대 원칙'은 반드시 존재한다

여기, 한 농부가 있다. 밝고 화창한 낮에도 어둡고 적막한 밤에도, 비바람 속에서도 눈보라가 몰아쳐도, 때를 가리지 않고 꾸준히 척박한 땅을 갈고 '좋은 종자'를 골라 심어서 정성껏 물을 뿌리고 거름을 주고 결실을 기다린다. 세월은 쉴 새 없이 흘러가고, 파종과 발아와 수확의 순환은 끝없이 되풀이된다. 외환위기가 닥쳐도, 글로벌 금융위기나 팬데믹 상황에서도 그는 아랑곳하지 않고 묵묵히 씨앗을 심는다.

그 농부의 이름은 박영옥이다.

박영옥 대표에게 '주식투자'란 풍성한 수확의 시기가 오리라는 믿음을 갖고, 어려운 시기에 묵묵히 미리 좋은 씨앗을 골라 뿌리고 가꾸고 동행하며 돌보는 것이다. 그 스스로 자신의 주식투자는 농부의 방법이자 사업가의 방법이라고 강조한다. 특히 본연의 가치가 충분히 높은데도 비정상적으로 싼 가격에 거래될 때 용기 있게 매수를 한다. 아직 덜 여물어서 채 열매를 맺지 못한 작물이라면 몇 년이고 무르익을 때까지 인내심을 가지고 기다린다. 그 시기가 언제일지는 확신할 수 없지만, 좋은 바탕의 작물이므로 반드시 결실을 맺을 것이라고 신뢰하며 돌보고 조언하고 육성한다.

주식농부는 천재지변이나 일기, 작황 상태에 따라 일희일비하며 두려워하지 않는다. 시황이 나빠졌다고 해서 자기가 투자한 기업들을 버리고 도망가지도 않는다. 주가나 기업에 대한 사람들의 평가는 그 기업이 보유한 본질가치로 반드시 회귀하리라는 믿음이 있기에 얼마든지 기다릴 수 있다. 그러한 신념과 뚝심으로 그는 초유의 투자실적을 거둘 수 있었다.

사실 그 어떤 일에건 감히 '절대'라는 단어를 붙이기 쉽지 않다. 주식투자 역시 그렇다. 주가는 그 누구도 예측할 수 없으며, 내 방법론만이 절대 옳다고 강변하기 어렵다. 그러나 투자에 임하는 올바른 자세와 철학이라는 관점에서, 나는 건전한 주식투자의 '절대 원칙'은 반드시 존재할 수 있다고 감히 믿어 의심치 않는다.

이 책에는 저자의 주식시장을 향한 무한한 열정, 그리고 일반 투자자를 위한 아낌없는 나눔과 사랑의 마음이 가득 차 있다. 아무쪼록 이 책을 통해 독자들의 가슴에 올바른 '주식투자 절대 원칙'이 싹트고, 그 결과 자신만의 소중한 성과를 얻기를 바란다.

— 이채원(라이프자산운용 의장)

개인투자자가 금과옥조로 삼을 주식투자의 절대 원칙

봄에 씨 뿌리고 가을에 추수하는 게 농부의 일이라지만, 실제 농부는 정말 많은 일을 한다. 겨울을 포함해 사계절을 바삐 움직여야 가을걷이의 기쁨을 비로소 맛볼 수 있다. 주식투자로 결실을 맺어 경제적 자유를 누리는 일 역시 농사와 같다. 날씨가 매일 똑같지 않듯, 주식시장을 둘러싼 환경은 변화무쌍하기에 주식투자자는 굳건한 원칙하에 기민하게 대처해야 한다.

주식농부 박영옥 대표는 원칙과 전략 모든 면에서 탁월한 성과를 보여 큰 부를 일군 분이다. 또한 개인투자자, 특히 젊은 투자자들에게 각별한 애정을 갖고 있다. 태풍이 오고 가뭄이 지속되어도 현명하고 부지런한 농부는 알곡을 거두듯이, 박영옥 대표의 '주식투자 절대 원칙'을 무기로 소중한 투자의 결실을 거두어 꼭 부자 되시기를 간절히 기원한다.

— 김동환(삼프로TV 대표, 대안금융경제연구소 소장)

투자의 대가가
아낌없이 전하는 비기(祕技)

부러우면 진다는데 지고 말았다. 노벨상 수상자도 뜻대로 해내기 어렵다는 주식시장에서 큰 부를 이뤘으니 왜 부럽지 않겠는가.

하지만 글쓰기가 직업인 나에게 더 부러운 건 저자의 글 생김새였다. 쉽고 간결한데 감화가 된다. 어느 분야든 경지에 오른 이는 말과 행동이 간결하다고 했던가. 이를 담아내는 글도 마찬가지다. 읽으면서 공감하고 동화되는 걸 체감했다.

주린이, 주식투자가 잘 안 되는 직장인, 현업·예비 전업투자자들은 무조건 시간 날 때마다 반복해 읽기를 권한다. 실전투자에 필요한 준비물, 인생을 바꿀 기업 발굴 노하우, 쫓기지 않으면서 돈을 크게 불리는 매매 방법 등이 생생하게 담겨 있다. 자주 꺼내 펼치기만 하면 된다. 약간의 운이 따라준다면 시가총액 1천억 원 기업의 5퍼센트 대주주가 될 수 있다고 믿는다.

— 유일한(머니투데이방송(MTN) 생방송제작부장)

당신도 반드시
큰 부자가 될 수 있다

비장하지만 이 책은 주식투자와 관련된 내 마지막 기록이다. 여기 내가 체득한 투자의 원칙에 대한 이야기를 아낌없이 담았다. 이 책은 여러분에게 드리는 나의 유산(legacy)이며, 많은 이들에게 보내고 싶은 희망의 메시지(message)다.

내가 이 책을 쓴 이유는 단 하나다. 나의 투자 인생, 투자 철학을 기록으로 남겨 국민들과 공유하고 이를 접한 모든 이들이 함께 투자에 동참했으면 하는 바람 때문이다. 누군가 보잘것없는 내 방법을 보고서, '나도 이렇게 하면 주식투자로 성공할 수 있겠다!' 하는 의욕이 생겨나기를 바란다. 어려운 고비마다 내 경험을 참고해 이겨내고, 꾸준하고 원칙 있는 투자로 부자가 되는 이들이 많아졌으면 좋겠다.

초기 자본금 4,500만 원을 시작으로 버는 족족 기업에 지속적으로 투자해왔다. 5퍼센트 이상 투자된 기업들의 지분 총액이 한때 2,000억 원을 초과하기도 했다. 5퍼센트 이상 지분을 보유하면 의무적으로 지분 공시를 해야 하기 때문에, 본의 아니게 나의 자산규모가 공개된 것이다. 그런데 사실 요즘에는 어디에 얼마가 투자돼 있는지 정확히 결산해본 적이 없다. 너무도 감사한 일이다. 주식투자만으로 이만큼 부를 축적한 개인투자자는 아마 매우 드물 것이다. 자랑처럼 들리지 않기를 바란다.

대한민국에서도 올바른 투자관을 가지고 농부처럼 투자해도 성공할 수 있다는 것을 보여주고 싶은 욕심도 있었다. 나는 대한민국 국민이면 누구나 나와 같이 주식투자로 부자가 될 수 있다고 생각한다. 내가 바로 그것을 알려주는 산증인이다.

주식투자로
부자 되는 방법은 따로 있다

주식투자를 처음 시작하는 사람들이 오해하는 것이 있다. 주식투자를 잘하기 위해서는 특별한 기술이 필요하다고 생각한다. 어려운 주식 용어, 차트 등의 지표, 복잡한 숫자들, 시황을 계속 들여다보면서 민첩하게 대응하는 법을 배우려 애쓴다.

전문가들 말을 듣다가 지레 겁을 먹고 어려워서 못하겠다는 사람도 있다. 주식투자를 하려면 하루 종일 주식 시세를 보고 있어야 하는데 그럴 시간이 없다는 사람도 있다. 용하다는 추천 정보를 듣고 몇 번 시도했다가 손해를 보고는, 이후로는 주식투자와 담을 쌓고 사는 이들도 많다.

이 책을 읽어보면 알겠지만 그렇게 시작할 필요가 전혀 없다. 쉽고 명쾌하고 넓은 길이 분명히 있다. 주식투자로 따뜻한 노후를 보내고 싶다면 기업과 시간에 투자하면 된다.

너무도 쉽다. 그런데 이렇게 쉬운 투자를 사람들은 왜 하지 못할까?

자본시장에 대한 이해 부족이나 건전한 투자환경·투자문화가 정착되어 있지 못한 것도 문제다. 그러나 무엇보다 경계해야 할 것은 시장참여자들의 욕심, 질투, 시기심 같은 감정에 휘둘려 정도(正道)를 벗어나는 것이다.

남들이 짧은 기간에 더 많이 버는 듯 보여서 따라 하다 보면 어느새 자기 길을 잃어버린다. 재료에 혹하고 좋다는 추천에 혹하고 단기간에 상한가를 치는 종목에 따라붙어 차익 매매도 시도한다.

일시적으로 몇 번 성공하면 짜릿하기도 하다. 나 역시 단타도 해보았고 위험하다는 여러 매매 기법도 두루 경험해봤다. 증권업에서 10년 이상 일했는데 왜 그런 방법을 모르겠는가? 그런데도 왜 결국 남들이 미련하고 답답하다고 하는 이 방법으로 돌아왔을까? 또한 어떻게 이 방법으로 엄청난 수익을 거둘 수 있었을까? 그에 대해 곰곰이 생각해보기 바란다.

늦었다고 초조해할
필요가 전혀 없다

내 주식투자 방법을 접하는 이들 중에는 2가지 부류가 있다. 한쪽은 크게 각성하고 자신의 것으로 삼아 직접 실행하는 사람, 다른 한쪽은 '교과서 같은 좋은 얘기네….' 하고 그냥 흘려듣는 사람이다. 전자 중에서 내 투자법을 따라 해 실제 수십억에서 수백억 대 부자가 된 분들도 꽤 있다. 그래서 지금도 철마다 감사 편지와 지역 특산물 등의 감사 선물이 쇄도한다. 그중에도 잊지 못할 분들이 많다.

한 중년의 아주머니는 초등학교도 못 나온 분이었다. 너무 어렵게 살아서 돈에 한이 맺혔다고 했다. 삐뚤삐뚤 맞춤법도 틀린 편지가 내 심금을 울렸다.

어려웠던 내 어린 시절이 생각나기도 했다. 나 역시 입학금이 없어 중학교도 못 갈 뻔하고, 겨우 중학교를 졸업한 후에는 서울로 상경해 공장 생활을 했다. 공부에 대한 일념으로 신문팔이를 하며 통신고등학교에 다니고, 이후 전액 장학금을 받아 대학 진학을 했다. 은사님의 조언으로 재학 중에 증권분석사 자격증을 따서 증권사에 입사한 것이 내 인생 전환의 계기가 되었다. 그래서인지 그 아주머니의 사연이 남 얘기 같지 않았다.

처음에는 50만 원으로 시작했다고 한다. 절약해 모은 돈으로 투자해둔 것이 어느새 3,000만 원으로 늘어, 본격적인 투자법을 고심하던 터였다. 우연히 내 책을 읽고 나서, 나의 강의에도 일부러 자녀들을 데리고 참석해 큰 감화를 받았다고 한다.

자녀들과 함께 투자할 기업을 고르고 공부하며, 내 조언대로 투자한 회사에 직접 가보고 주주총회도 빠지지 않고 참석했다. 농부처럼 투자하는 내 방법을 그대로 따라 해서 수년이 흐르고 자산은 어느새 5억 원으로 늘었다.

정말 감사하다면서 구구절절 눈물과 희망이 묻어나는 편지와 함께 선물을 들고 나를 직접 찾아온 것이다.

이렇게 연결된 인연은 그 후로도 이어졌다. 큰아들은 과자를 너무도 좋아했다고 한다. 아이가 좋아하는 과자를 만드는 기업 중에서 투자처를 고르고 그들이 무엇으로 어떻게 돈을 버는지 함께 공부했다. 그렇게 투자한 D제과 주식 담당자에게 여러 번 조른 끝에 아들을 데리고 공장에 방문해 생산 과정을 견학할 수 있었다. 이후로도 아들과 함께 투자하고 공부하고 대화하면서 꾸준히 동행했고, 지금은 대학교를 졸업한 그 아들이 애니메이션 회사에 다니면서 촉망받는 인재가 되었다고 한다.

둘째 딸도 함께 주식투자를 했다. 딸의 조언으로 투자하기 시작한 카카오 주식을 지금 3,500주나 보유하고 있다고 했다. 투자한 종목과 규모를 들어보니 자산이 어림잡아 몇십억 원은 훌쩍 넘은 것으로 짐작된다. 내 투자 경험담을 읽고 듣고 투자를 시작해서 지금까지 모든 기업을 한 주도 팔지 않고 보유하고 있다고 했다.

에스피지, 참좋은여행, 고려제강, 아이에스동서 등을 갖고 있다니 수익률도 꽤 높을 것이다.

더 반가운 소식도 있었다. 나는 기회가 되면 꼭 못 다한 공부를 하라고 조언했는데, 그 말대로 꾸준히 공부를 지속해 지금은 대학 과정에 다니고 있다는 것이다. 그야말로 온 가족의 인생이 완전히 바뀐 셈이다.

또 다른 한 분은 중년의 나이에 불의의 교통사고로 하반신을 잃었다. 앞으로 생계도 막막한데 수중엔 보상금으로 받은 8,000만 원뿐이었다. 어떻게든 불려보려는 생각에 증권회사 직원 말만 듣고 주식투자를 했다가 그마저도 3,200만 원으로 줄어들었다고 했다. 도와달라고 간절히 손편지를 보내왔기에 나는 진지하게 '마음 독하게 먹고 나와 함께 농부처럼 투자해볼 의향이 있느냐?'고 물었다. 그렇게 하겠다고 단언하기에 몇 년 동안 시간을 내서 투자법을 조언해주었다.

그런데 투자금이 4억 원 정도로 늘어 안심하던 차에 그만, 본인이 기존에 하던 투자 패턴으로 다시 돌아가고 말았다. 언젠가부터 연락이 뜸하기 시작하더니 어느새 완전히 끊겼다. 돈을 좀 버니까 자신감이 붙었는지 내 조언이 별것 아닌 것으로 느껴지고 혼자서도 얼마든지 할 수 있을 것 같았는지도 모른다.

1년 정도가 지났을까? 다시 연락이 왔다. 이번에도 증권회사 직원 말만 듣고 투자했다가 투자금이 다시 반 정도로 줄었다고 했다. 은근히 도움을 청하는 눈치였다. 그러나 이번에는 내가 내키지 않았다. 처음에도 증권회사 직원 핑계를 대더니 두 번째에도 그랬던 것이 안타까웠다.

내가 알려주는 투자법을 선택해 꾸준히 실천하는 것도 자신의 선택이다. 성공하면 내 덕, 실패하면 남 탓이라고 생각하는 근성으로는 설령 잘된다고 해도 결국 다시 원점으로 돌아가고 말 것이다.

주식투자에서는 '빨리 갈 수 있는 듯 보이는 길'이 오히려 돌아가는 막힌 길인 경우가 많다. 길게 보고 원칙만 생각하며 끈기 있게 투자하면 반드시 성공할 수 있는 넓고 환한 길이 있다.

당신이 나이 오십 육십에 수중에 가진 돈이 얼마 없어도 절대 좌절하거나 초조해할 필요가 없다. 그럴수록 짧은 시간 안에 크게 불려야겠다는 욕심을 내려놓아야 한다. 차근차근 원칙대로 하면 얼마든지 노후를 안락하게 보낼 수 있다. 내가 이 책에서 그 방법을 낱낱이 일러줄 것이다.

최악이라고 생각한 순간
기적이 시작되었다

증권업에서 경험을 쌓고 성과를 올리던 1997년, 37세 나이에 교보증권 압구정 지점장을 맡아 승승장구했다. 맞벌이하면서 아내가 알뜰살뜰 살림을 해준 덕에 차곡차곡 자산을 불렸다. 어머니 명의로 집을 사드리고 그 집에서 온 가족이 행복하게 살고 있었다. 큰 부자는 아니어도 돈 걱정은 하지 않고 살 수 있으리라 기대했다.

그러다가 IMF가 터졌다. 증권시장은 직격탄을 맞았다. 주가가 폭락해 계좌가 깡통이 되는 일은 다반사고 증권사나 은행도 속절없이 무너졌다. 그런데 나는 고객의 손실을 모른 체 할 수 없었다. 다들 말렸지만 어머니 명의로 사드린 집을 되팔고 자산을 탈탈 털어서 고객의 깡통계좌를 보전해주었다. 그러고 나니 수중에 겨우 변두리 사글세 얻을 돈만 남았다. 3개월 동안은 온 식구가 누나 집에 얹혀살기도 했다. 10년 넘게 쌓은 공든 탑이 무너지고 만 것이다.

교보증권 영업부장을 하면서 시장도 회복되고 생활도 다시 안정되어갔지만, 고객 돈을 계속 관리하다가는 시황에 따라서 집을 샀다 팔았다 할 것 같았다. 게다가 내 투자 철학을 실행에 옮기기도 쉽지 않을 것 같았다. 시황에 따라 빠르게 사고팔아야 하는 환경에서 벗어나 비교적 장기적인 시각으로 투자할 수 있는 삼성증권 프리랜서로 일하기로 결정했다. 그런데 2001년 9·11 테러 사건이 벌어지자 이전의 악몽이 반복되었다. 잘될 때에는 나를 믿는다고 하던 이들이 주가가 하락하자 나를 원망했다. 당신은 증권사에 있으니 이런 일은 예측할 수 있었던 것 아니냐고 따지기까지 했다. 회의감이 밀려왔다. 남의 돈을 운용한다는 것이 정말 쉬운 일이 아님을 절감했다. 증권회사 직원도 신이 아니다. 시황을 예측해서가 아니라 여러 변수를 고려하면서 최선을 다해 자산을 운용할 뿐이다. 결국 이 악순환에서 벗어나려면 전업투자자가 되어야겠다고 결론지었다.

전업투자자로 독립하면서 나는 '농부처럼 투자하는 원칙'을 더욱 확고히 했다. 그리고 초기 10년 동안 거의 매년 50퍼센트 안팎의 수익률을 올렸다. 주식투자를 조금이라도 해본 사람이라면 이것이 얼마나 힘든 것인지 알 것이다. 1년, 2년, 5년은 할 수 있어도 10년, 20년 꾸준히 하긴 힘들다. 이 역시도 내 방법이 옳다는 증거라고 생각한다.

아직도 많은 이들이 주식투자를 경계하고 심지어 금기시한다. 그러면서도 주식투자로 돈을 번 사람을 부러워한다. 주식투자를 돈 놓고 돈 먹는 투기, 주식 거래로 차익만을 꾀하는 매매 게임이라고 보아선 곤란하다. 내가 경험한 주식투자의 본질은 그것이 아니다.

주식투자는 기업의 지분에 투자함으로써 기업의 성과를 공유하는 것이다. 내가 경영자가 되어 여러 회사를 간접 경영해보는 일이기도 하다. 길게 보고 공부하면서 좋은 기업을 쌀 때 사서 기다리면, 자산이 크게 증식되는 순간이 온다. 모두가 공포에 사로잡힐 때야말로 싸게 살 수 있는 절호의 타이밍이다. 탐욕을 잘 다

스리면 적정 수익을 거둘 수 있고, 그것을 다시 투자하면 차근차
근 자산을 불릴 수 있다.

이제 와 돌아보니 나는 주식투자를 통해서 비로소 인생을 배웠
다. 가난 속에서 허우적대던 나를 많은 사람들이 부러워하는 자
산가로 만들어주었다. 투자에 골몰하다 보니 조금씩 현명해지고
초연해지고 깊이도 생기는 것 같아 고맙다. 주식투자는 내게 있
어 세상을 두루 조망케 해주는 창이자 섣부른 나를 채찍질하는
매서운 선생님이다. 얄팍한 성과를 바라고 허투루 뛰어들 때마다
보기 좋게 나를 패대기쳤으며, 마음을 다해 전력으로 노력했을
때는 달콤한 열매를 안겨주었다.

한 사람이라도 더 나와 같은 경험을 하길 바라는 마음이다. 단
기간에 큰돈을 벌 수 있는 비결 같은 것은 이 책에 없다. 주식시장
을 예측하고 이겨내는 비법도 없다. 살 떨리는 주식투자의 세계
에서 나는 스스로를 '주식농부'라 부르며 홀로 묵묵히 걸어왔다.

이런 나를 두고 고루하다 말하는 사람도 있다. 그러나 농부처럼
투자하는 것이야말로 내가 터득한 주식투자의 정확한 본질에 가
깝다. 다른 이들이 가지 않은 길을 갔기에 과분한 부도 얻을 수 있
었다. 그러니 편안하고 지속가능하며 돈도 벌 수 있는 이 길을 권
하지 않을 이유가 있겠는가?

주식투자의 절대 원칙,
나의 투자 10계명

최근에 나의 30여 년에 걸친 주식투자의 정수를 담아 '투자 10계명'을 완성했다. 인간이 따라야 할 기독교의 10가지 신성한 율법인 10계명은 하나하나 간결하면서 매우 당연한 진리를 담고 있다. 내가 정한 주식투자 10계명도 적어놓고 보니 매우 단순하고 소박하다. 하지만 투자를 해본 사람이라면 여기 담긴 의미를 잘 알 것이다.

욕망에 사로잡혀 단기수익을 노리고 덤비면 필패하는 것이 주식투자의 세계다. 주식투자는 여러 면에서 인생을 닮았다. 동전의 양면처럼 아이러니하기에 아름답다. 쉬우면서도 어렵고, 도전적이지만 흥미진진하고, 고되지만 보람 있다. 그러니 주식투자를 멀리한다는 것은 적극적으로 삶을 살기를 포기하는 것과 같다. 게다가 주식투자는 평범한 서민이 부자가 될 수 있는 가장 효과적인 방편 중 하나다. 자본시장이 성숙해질수록 기업의 성과를 공유하는 주식투자는 더욱 보편적인 자산 증식의 도구로 자리 잡을 것이다. 그러므로 이제는 이 가슴 뛰는 삶을 외면할 필요가 없다.

주식투자를 잘하려면 원칙을 제대로 세워야 한다. 얄팍한 지식이 아니라 원칙이 제일 중요하다. 나의 주식투자 10계명이 부디 독자 여러분의 투자 인생에서 하나의 길잡이가 될 수 있기를 간절히 바라는 마음이다.

주식농부의 투자 10계명

1계명. 투자자의 시선을 가져라.

2계명. 부화뇌동하지 마라.

3계명. 아는 범위에서 투자하라.

4계명. 투자의 대상은 기업이다.

5계명. 주주는 기업의 주인이다.

6계명. 투자한 기업과 동행하며 소통하라.

7계명. 기업의 성장주기에 투자하라.

8계명. 주식투자는 농사다.

9계명. 투자 기회는 항상 있다.

10계명. 올바른 마음으로 크게 생각하라.

Content

Commandment 01 ←   투자자의 시선을 가져라

Commandment 02 ←   부화뇌동하지 마라

Commandment 09 ← 투자 기회는 항상 있다

Commandment 10 ← 올바른 마음으로 크게 생각하라

금융 문맹은 앞으로
현대인으로서 생존을 불가능하게 만들기 때문에,
그 어떤 문맹보다 가장 무서운 문맹이다.

– 앨런 그린스펀Alan Greenspan

Commandment
01

투자자의
시선을 가져라

중산층·서민이
부자 되는
가장 좋은 방법,
주식투자

서른 정도의 나이에 모두가 똑같은 출발선에서 시작한다고 해보자. 자산은 전혀 없고 월급만 모아서 부를 일궈야 한다. 20~30년 내에 부자가 될 수 있는 방법으로 무엇이 있을까?

첫째, 직장에서 성공하는 것이 있다. 그런데 법조인, 전문경영인, 의사나 전문직이 아니라면, 연봉을 한 푼도 쓰지 않고 20~30년 동안 꼬박 모아도 20억~30억 원이 되기 힘들다.

둘째, 과감히 창업을 하는 방법도 있다. 상장을 하거나 인수합병을 통해 거액의 돈을 손에 넣을 수 있다. 그런데 이것도 성공확률이 매우 희박하다.

셋째, 벌어들인 연봉을 투자로 불리는 방법이 있다. 부동산, 주식, 코인 투자 등 방법은 여러 가지다. 핵심은 자본소득의 비중을 늘리는 것이다. 자본소득이란 자산이 다시 수익을 만들어내는 메커니즘이다. 즉 돈이 일하게 하는 것이다.

투자의 장점은 직장생활이나 창업 등과 얼마든지 병행할 수 있다는 것에 있다. 50대 중반부터 은퇴하는 요즘, 수입이 있을 때 하루라도 빨리 자본소득을 축적하는 것이 좋다. 그중에서 투자수익률로 보나 노력에 따른 효율성 면으로 보나 가장 좋은 것이 주식투자다.

안타깝게도 많은 퇴직자들이 자본소득을 확보해두지 않은 상태에서 서둘러 자영업을 시작했다가 번번이 실패한다. 열심히 벌어도 월급만으로는 부를 일구기 어렵고 따뜻하고 안정된 노후를 준비하기 쉽지 않은 시대다. 4차 산업혁명이 만들어갈 고용 없는 성장은 가계의 소득을 더욱 정체시킨다. 그 와중에 자녀 교육에 몰두하느라 집 한 채 달랑 남은 채로 준비 없이 나이 들어버리는 경우가 다반사다. 집 한 채로 부부가 20년 이상을 버텨야 한다. 그러니 재테크는 필수이고 그중에서도 주식투자는 매우 적절한 선택이다. 가계, 기업, 국가 중 가장 고성장하는 섹터인 기업에 투자하는 것이기 때문이다. 우리는 모두 기업의 제품이나 서비스를 사용하며 돈을 지불한다. 우리가 매달 쓰는 생활비도 결국 대부분 기업의 호주머니로 들어간다. 그러니 기업의 주주가 되어 내가 쓴 돈을 다시 가져와야 한다.

'나는 어떻게 지금의 내가 되었을까?' 가끔 생각에 잠긴다. 나는 과거를 두고두고 곱씹는 편은 아니다. 현재를 살며 미래를 대비하기에도 바쁘다. 하지만 지금의 나를 만들어준 원동력을 떠올리면, 궁핍했던 어린 시절로 거슬러 올라갈 수밖에 없다.

내 성장기는 한국사회 산업의 변천과 맥을 같이한다. 전북 장수 시골마을에서 별걱정 없이 살던 단란한 가정. 그러나 갑작스러운 병환 끝에 아버지가 돌아가시자 가세는 급격히 기울었다. 전기도 들어오지 않는 언덕 위의 날망집 장남인 나는 학업을 이을 수 없었다. 공부 잘하는 제자가 아까워 첫 등록금을 내주시며 도와준 담임선생님 덕분에 중학교에 입학할 수 있었고, 여러 사람들의 도움으로 중학교를 졸업할 수 있었다.

중학교를 마친 후 장남으로서 가계에 보탬이 되고자 서울로 상경해 하루 12시간 화공약품 냄새를 맡아가며 공장에서 4년여를 일했다. 그 시절 꿈은 공장장이 되는 것이었다. 그러나 학업에 대한 열망이 나를 계속 이끌었다. 늦게 시작한 공부지만 어떻게든 방송통신고등학교라도 제대로 졸업하고, 대학도 가고 싶었다. 궁하면 통한다고 했던가. 고등학교 3학년이 되면서 공장을 그만두고 불광동 시외버스터미널에서 오전에는 신문을 팔고 오후에는 학원에서 공부할 수 있게 되었다. 신문을 팔며 푼돈의 위력, 장사하는 요령, 사람 대하는 법을 익혔으며, 세상 보는 안목을 키웠다. 고향에서 나무를 심고 농사를 지으면서 1차 산업을, 공장에 다니면서 2차 산업을, 신문을 팔면서 3차 산업을 두루 경험한 셈이다.

감사하게도 고등학교를 졸업하면서 중앙대학교 경영학부에 4년 특별장학생에 선발되었다. 아무것도 안하고 공부만 해도 학비와 생활비까지 제공받았다. 이때 사회에 대한 고마움을 온몸으로 체감했다. 돈이 없으면 절대 대학을 다닐 수 없다고 비관하던 때도 있었다. 그러나 사회는 내게 기회를 안겨주었다. 대학교 3학년 재학 중에 증권분석사 시험에 합격했다. 대학을 조기 졸업했고 여러 증권회사들의 입사 제의를 받았다. 당시는 한국 자본시장의 태동기로 운 좋게도 나는 젊은 나이에 그 메커니즘을 접할 수 있었다. 2001년 전업투자자로 변신해 오늘에 이르기까지, 주식투자는 나를 새로운 삶의 경로로 인도했다.

이것이 불과 50년도 되지 않는 기간에 벌어진 일들이다. 영화 '포레스트 검프'를 보면 주인공이 세계사의 변곡점이 되는 역사적 장면마다 빠짐없이 등장한다. 나 역시 대한민국 발전의 주요 장면과 함께 씨름하고 노력하면서 변화를 체감해왔다. 내일의 끼니를 걱정하던 내가 어떻게 천억대 자산가가 되어 과거를 고통이 아닌 추억으로 회상할 수 있게 되었을까? 실로 기적 같은 일이 아닐 수 없다. 단순한 주식투자자가 아니라 수많은 기업가, 경제 전문가, 학자, 지자체장들에게 아이디어를 제시하고 조언을 할 만큼 나름의 시야와 비전을 품을 수 있게 되었다.

　나는 이 모든 것이 주식회사제도와 증권시장이라는 위대한 시스템 덕분이라고 생각한다. 내가 한 것은 그 놀라운 시스템 위에 올바르고 장기적이며 안정적으로 탑승한 것뿐이다. 그 '절대 망하지 않는 시스템' 위에 나의 자산을 차곡차곡 쌓아올렸고, 담대함과 인내심을 가지고 기다렸다.

투자자의 시선으로
세상을 보라

투자자의 시선으로 세상을 본다는 것은 바로, 누가 세상을 움직이며 사회적 부를 가져가는지를 간파하는 것이다. 오늘날 주식회사제도와 증권시장 시스템이 잘 발달된 나라는 모두 산업 성장의 선봉에 서 있다. 미국 시가총액 상위 100대 기업 중 상당수는 불과 20~30년 전에 만들어졌다. 산업이 젊고 역동적이라는 반증이다. 아마존, 페이스북, 구글… 세계 시가총액 상위 기업들이 아이디어 하나로 창고나 지하실에서 탄생했다. 지금 이 순간에도 어디선가 꿈과 희망을 안고 새로운 기업이 탄생한다. 증권시장을 통한 적극적 투자문화 덕분이다.

오늘날 자본주의 시스템을 움직이는 최고의 동력은 주식회사제도와 증권시장이라 해도 과언이 아니다. 산업의 기초단위는 주식회사이고, 주식투자는 이들 바퀴가 쉼 없이 움직이게 하는 윤활유 역할을 한다. 주식회사가 없었다면 산업사회, 정보화사회, 4차 산업혁명 등 근대 이래의 혁명적 변화는 존재할 수 없었을 것이다. 기차, 자동차, 석유, 전기, 컴퓨터, 인터넷 등 산업의 요체가 주식회사제도를 통해 탄생했다. 전기자동차, 재생에너지, 가상체험, 인공지능, 바이오헬스 산업 등 향후 사회 변화를 선도할 도전들도 마찬가지다. 기업가가 최전방에서 모험을 할 때, 그것을 가능케 해주는 것이 바로 주식투자다. 기업의 지분을 사줌으로써 도와주고 응원하는 투자자들이 있기에, 기업은 큰 자금이 들어가는 과감한 도전을 마음껏 해낼 수 있다.

성숙한 자본시장을 갖춘 국가는 어떻게 움직일까? 주식회사는 투자자인 주주에게 감사하며 성장을 통해 보답하려 최선을 다한다. 주식회사에서 주주가치 제고는 경영자를 평가하는 중요한 기준이 된다. 신뢰할 수 있는 투명경영, 이익 확대를 통한 주가 상승과 배당 증가가 바로 그 기업의 실력이 된다.

미국의 경우 25년 이상 매년 배당을 높인 기업의 주식을 배당 귀족주(dividend aristocrats)라 부르는데, 이는 매우 영광스러운 훈장이다. 미국 S&P500 기업 중 배당 귀족주는 60개가 넘는다. 코카콜라, 존슨앤드존슨, P&G, 3M 등 50년 넘게 배당을 높인 기업도 10개 이상이다.

성숙한 자본시장을 갖춘 국가는 선순환 구조를 가진다. 투자자는 기업이 투명하게 경영되고 성장할 것이라는 믿음에 따라 장기적으로 투자할 수 있다. 기업가는 성과만 잘 내면 투자자들이 꾸준히 자금을 대줄 것이라고 믿기에 열심히 일할 수 있다. 시장은 효율적이고 체계적이며 원칙에 입각해 움직인다. 이렇듯 신뢰와 신용이야말로 자본시장의 자산이다.

아쉽게도 자본시장이 성숙하지 못한 국가에서는 신뢰와 신용이 부족하다. 그 결과 자본시장을 통해 적절히 이익이 공유되지 못하며, 투자가 적극적으로 이루어지지 못한다. 그러한 여건 속에서 외국인 투자자나 소수의 기업가들만 자본시장의 수혜를 독점한다. 일반 국민은 투자의 기회로부터 멀어지고 소외된다. 우리 자본시장 역시 아쉬운 점이 많다. 우리 자본시장은 아직까지 외국인과 기업인의 전유물처럼 되어 있다. 그들은 자본시장을 잘 알고 적극적으로 활용한다. 그런 만큼 자본시장을 통해 활발히 부를 창조하고 그것을 독차지한다. 이러한 구조에 대해 곰곰이 생각해볼 필요가 있다.

돈을 벌려면 돈이 어디로 모이는지를 알아야 한다. 투자자의 시선을 갖지 못하면 돈을 벌 기회에서 소외된다. 너무도 많은 이들이 주식회사제도, 자본시장, 증권시장, 기업에 투자해 돈을 버는 일이 나와 관계없는 남의 일이라고 생각한다. 어렵다, 모른다는 이유로 접근조차 하려 하지 않는다. 개안(開眼)이 필요하다.

많은 이들이 내게 기업가치를 어떻게 측정하느냐고 묻는다. 우선 투자자의 눈을 가져야 한다. 남보다 빨리 세상이 향하는 곳을 바라보면서 관찰하면 미래를 만들어갈 분야, 능력 있고 전망 좋은 기업이 눈에 들어온다. 앞으로 주식시장에서 가치주, 성장주와 같은 구분 기준은 크게 의미가 없어질 것이다. 누가 어디를 바라보며 경영하느냐에 따라 기업의 체질과 체력이 탈바꿈되는 시대이기 때문이다. 일례로 제철 산업의 POSCO나 동(銅) 산업의 풍산(풍산은 사업회사이고 풍산홀딩스는 지주사다)은 단순한 원부자재 하청 기업으로 인식되어왔다. 그런데 이들이 첨단 산업을 리드하는 새로운 면모로 변신 중이다.

풍산은 동 합금 소재를 가공해서 판매하는 신동 사업과 탄약 및 화약을 생산하는 방산 산업을 위주로 사업을 영위한다. 내가 2019년 말 처음 풍산에 투자를 시작할 무렵, 글로벌 경기 침체와 전체 매출의 10퍼센트 미만에 불과한 소전(동전) 사업의 수요 감소를 우려해서 비관적 전망이 득세했다. 하지만 나는 구리라는 소재에 주목했다. 구리는 전기가 필요한 모든 곳에 사용된다. 전기차 시장이 확대되고 석유보다 전기 에너지를 사용하는 추세가 강화되면, 장기적으로 수혜를 볼 것으로 판단했다. 전기차 구리 수요는 2020년 기준 약 40만 톤에서 2030년에 이르면 10배에 달하는 400여만 톤으로 늘어날 것으로 전망된다. 실제 전기차 1대에는 내연기관차에 비해서 4배에서 많게는 10배까지 많은 구리가 소요된다고 한다.

전 세계적으로 친환경 수요가 늘어나면서 석유보다 전기에너지, 풍력, 태양광 등을 쓰는 추세가 강화되는 점도 풍산에 유리하게 작용할 것으로 보았다. 구리는 전기전도성이 높아 재생에너지 운반에 효율적인 소재다. 신동 산업은 글로벌 경기나 구리 가격 변동에 따라서 실적이 어느 정도 움직이지만, 방산 산업이 안정적인 캐시카우(현금 창출) 역할을 하고 있어 단기적 악재도 얼마든지 헤쳐갈 수 있다고 보았다. 보유한 부동산 자산가치도 높으며, 이를 활용해 친환경 에너지 시대에 부합하는 첨단 기업으로 성장해나갈 수 있다고 생각했다. 특히 풍산홀딩스의 손자회사인 (주)풍산디에이케이는 2차 전지 리드탭 관련 소재를 가공해서 LG에너지솔루션, SK이노베이션, CATL 등 글로벌 이차전지 회사에 납품하는 업체로 아직은 매출이 미약하지만 가파르게 성장하는 중이다. 일본 기업들이 과점하던 시장인데 공장을 증설하는 등 시설 투자를 활발히 함으로써 빠르게 시장을 양분해가고 있어 귀추가 주목된다.

또한 풍산홀딩스의 경우 2021년 1월 전격적으로 보유 자사주 중 50퍼센트를 소각(자사주 소각은 유통주식 수를 줄여서 주당순이익을 높이고 배당률을 올려주기도 하는 주주친화 정책 중 하나다)하고, 보통주

1주당 신주 0.5주를 배정하는 무상증자도 단행했다. 배당을 많이 주는 것도 내게는 매력적으로 보였다. 이를 토대로 기업 내부에서 경영자를 중심으로 주주친화적인 변화가 일어나고 있다고 생각했다.

나는 스스로를 투자자가 아니라 사업가라고 생각한다. 즉 주식을 매매해 시세차익을 노리는 것이 아니라, 사업가적 마인드로 투자한다. 그래서 흔히 기술적 지표라고 불리는 도구들은 내게 1차적인 참고사항은 될지언정 투자의 절대적인 기준이 되지 못한다. 재무제표상의 숫자들이나 수익성, 안정성, 성장성이라는 기준으로 나뉘는 재무비율도 마찬가지다. 내게 있어 기업가치는 그러한 정량적 지표만으로는 산출되지 않는 꿈, 희망, 비전의 영역을 포괄하는 개념이다.

미래 가치가 더 중요해진 시대다. 특히 앞으로는 팬덤 시대로 고객들이 기업의 생명을 좌지우지한다. 기업의 윤리경영이 중요해지는 이유가 여기 있다. 소비자, 투자자, 국민을 백안시하는 기업은 성장할 수도 존속할 수도 없다. 식품회사인 N유업이 대표적 사례가 아닌가? 전통적인 투자의 3요소가 자본, 토지, 노동이었다면, 이제는 기술, 윤리 쪽으로 그 무게중심이 옮겨가고 있다.

수많은 이들이 지식과 정보를 공유하는 시대가 되면서, 어떤 기업이 고객의 선택을 받을지에 대한 기준이 이전보다 훨씬 분명하고 투명해졌다. 그런 만큼 팬덤을 확보하고 유지하는 역량을 가진 기업은 한 산업만이 아니라 여러 산업에 걸쳐 시장지배력을 공고히 하면서 다른 기업이 진입하기 어려운 해자(垓字)를 강력히 두르게 된다. 새로운 의미의 승자독식 메커니즘이 공고히 형성되는 것이다. 사람들이 열광할 만한 힘과 저력을 가진 기업, 공유와 협업의 열린 마인드로 변신하는 기업을 찾아낸다면, 그들의 무한한 성장 가능성이 투자 성공으로 이어질 것이다. 이는 어떤 측량 도구로도 측정할 수 없다.

인간이 만들어낸 최고의 공유시스템, 주식회사제도와 증권시장

주식투자의 원칙에 대해 말하기에 앞서, 주식회사제도와 증권시장의 의미에 대해 짚어보지 않을 수 없다. 투자자의 관점을 갖기 위해서는 주식회사제도와 증권시장의 본질을 명확하게 알아야 한다.

인류 최초의 주식회사는 17세기 초 동인도회사(East India Company)다. 영국, 프랑스, 네덜란드 등에서 동양이나 남미 국가들과의 독점 무역권을 부여받은 이들이 동인도 등 아시아 지역에 설립한 무역회사를 말한다. 당시 인도와 동남아에선 향신료나 면화 등을 값싸게 구할 수 있었다. 그래서 대규모 선단을 보내 물건을 사서 유럽으로 싣고 돌아오기만 하면, 이를 비싼 값에 되팔아 큰

돈을 벌 수 있었다. 하지만 먼 곳으로 여러 척의 배를 보내려면 막대한 자금이 필요했다. 이를 위해 동인도회사는 배가 출발할 때 여러 투자자들에게서 자금을 유치하고, 그 증서로 주식을 발행해주었다. 수개월에서 수년 후 배가 무사히 돌아오면 물건을 판 수익으로 주식 소유자들에게 배당을 지급했다. 주식을 구매한 원금은 대개 다음 항해를 위해 재투자되었고, 이익에 따른 배당만 주어졌다.

이렇게 발행된 주식 증서는 네덜란드나 영국 항구의 카페에서 거래되었는데, 이것이 바로 주식 거래소의 시초다. 당시 투자 대상 기업의 비즈니스 모델은 대개 '무역'이었다. 주식시장은 장거리 항해로 인한 리스크를 방어하기 위한 수단이었던 셈이다. 광산을 개발하거나 자원을 발굴하는 것도 주식회사의 주된 사업 아이템이 되었다. 초기 비용이 많이 들고 성공 가능성도 낮지만, 일단 성공하면 엄청난 부가가치를 창출할 수 있는 수많은 산업들이 과감히 시도되었다.

주식회사제도와 증권시장으로 대변되는 자본주의 시스템은 산업혁명과 만나면서 진가를 발휘한다.

오늘날 생활과 산업의 기반이 되는 전기를 예로 들어보자. 마이클 패러데이가 전자기 유도법칙을 발견하고 최초의 전기 모터를 발명해 전기를 생산했다. 그러나 실험실 전기는 생산량이 미미해서 실생활에는 사용할 수 없었다. 얼마 지나지 않아 토머스 에

디슨이 전구를 발명하고 뉴욕 맨해튼에 최초의 중앙집중식 발전소를 개소했다. 이후 웨스팅하우스가 최초로 도시 전체에 전력을 공급하는 시스템을 개발하기까지, 수많은 과학자들이 전기 상용화에 이바지했다.

그런데 이 배경에 주식회사제도가 있었다는 것을 인식하는 이들은 거의 드물다. 에디슨이 최초로 전구를 개발하는 데에는 오늘날 대표적 투자회사로 꼽히는 JP모건이 자금을 댔다. 테슬라가 몸담았던 웨스팅하우스가 급속히 앞서가자 에디슨의 회사와 여럿을 합병해 최초의 대형 전기회사 GE(제너럴일렉트릭)를 탄생시킨 것도 투자자들이었다. 웨스팅하우스와 GE가 경쟁하며 미국의 전력산업은 눈부신 성장을 이뤘다. 전력이 본격적으로 공급되면서 바야흐로 다양한 산업이 꽃필 수 있었다. 이 모든 것이 19세기 말에서 20세기 초에 벌어진 일이다.

주식회사제도가 없었다면, 막대한 개발비와 설비투자비가 필요한 전기의 상용화는 꿈도 꾸지 못했을 것이다. 그로 인해 탄생한 수많은 산업도 없었을 것이다.

당시 투자자들이 오늘날 월가의 뿌리가 되었고, 지금도 세계 산업을 호령한다. 표면적으로 산업을 발전시키는 것은 기업이지만, 이들을 뒤에서 자금줄로 조종하는 것은 금융자본이다. 금융자본은 산업 융성의 동력을 제공했다. 그런 만큼 성장의 열매도 많이 가져갔다. 주식회사제도를 활용해 엄청난 부를 지속적으로 축적해온 것이다.

지금도 주식회사제도는 세계 곳곳에서 최적의 시스템임을 증명하고 있다. 돈이 없어도 아이디어와 열정만 있으면 누구나 사업을 시작할 수 있다. 독창적 비즈니스 모델만 있으면 '꿈을 현실로' 만들 수 있다. 주식회사제도가 성숙한 국가는 기업이나 투자자만이 아니라 나라도 부유하다. 국민 전반에 투자의 중요성에 대한 인식이 퍼져 있고, 투자자가 존경받고 존중받는다. 사회 전체의 성장이 곧 국가의 부(富)로 이어지고 그 수혜가 모든 국민들에게 돌아간다.

주식의 본질을 알면 어디에 투자해야 하는지 보인다

많은 사람들이 주식투자가 무엇인지 모른 채 투자를 시작한다. 어려운 용어나 개념을 모른다는 의미가 아니다. 흔히 주식시장의 전문가들은 독점적 정보와 지식이 없는 개인투자자가 주식투자에서 불리하다고 힘주어 조언한다. 그런데 그것은 틀린 말이다. 심한 표현으로 하면 주식시장에서 개인투자자가 돈을 잘 벌어가지 못하게 하는 교묘한 속임수에 가깝다.

주식투자는 기업을 쪼개서 소유하는 것이다. 기업의 성과를 공유하기 위해 기업에 돈을 투자하고 지분을 받는다. 돈은 지금 지불하고 성과는 나중에 거둬간다. 시간이 걸려 기업이 열심히 일을 해서 성공을 거두면, 투자자는 자기가 투자한 지분만큼 이익을 가져간다. 주식시장이 없다면, 우리가 어떻게 대단한 기업들의 소유권을 가질 수 있겠는가? 그들이 돈을 벌 때 거기서 어떻게 한 몫 떼어 받을 수 있겠는가?

주식투자는 이렇듯 넓고 큰 개념에서 출발해야 한다. 길게 보면 지금의 주식시장에서 누가 가장 큰 혜택을 보는가? 바로 기업을 운영하는 기업인들과 돈 많은 자본가들, 외국인들이다. 이들은 개인투자자가 주식시장에 들어갔다 나왔다 하면서 장기판 졸로 활용되기를 바란다.

그러나 단기적 수익을 노리고 자주 매매해서는 돈을 벌기 힘들다. 주식투자는 사고파는 매매 게임이 아니다. 능숙한 거래 기술은 매우 사소하며 부차적인 요소에 불과하다.

우리는 매일 기업이 만든 상품이나 서비스를 이용해 먹고 마시고 즐기며 살아간다. 우리 삶을 구성하고 움직이고 지탱하는 것은 기업이며, 기업만이 지속적으로 크게 성장하고 이윤을 창출한다. 게다가 기업은 점점 더 빠른 속도로 변화·성장·쇠퇴한다. 내일의 주인공이 될 새로운 유망 기업이 속속 탄생한다. 그러한 변화의 한복판에서 성장의 기회를 선점하기 위해 나의 자본을 배치해두는 것이 바로 주식투자다. 즉 내가 가진 돈을 주식회사라는 성장의 버스(bus)에 태우는 것이다.

이전에는 미처 눈치채지 못했지만 투자자의 시선으로 바라보면 달리 보이는 것들이 있다. 독점적이며 안정적으로 우리 일상을 장악해가는 기업이 비로소 눈에 들어오기 시작한다. 그 기업을 잘 관찰해서 적당한 시기에 투자한 다음, 그들의 성공이 무르익을 때까지 기다리면 된다. 물론 그사이 주가는 등락을 거듭할 것이다. 그러나 여러 가지 이유로 오르고 내리는 주가는 결국 기업이 가진 본질가치에 수렴하게 되어 있다. 내가 눈여겨보았던 기업의 가능성이 폭발하고 많은 사람들이 그 가치를 인정하는 순간이 온다. 여러 유혹에도 불구하고 투자를 지속했던 나의 노력이 빛을 발해 수익으로 이어진다. 이렇듯 기업과 동행하고 소통하면서, 그 결과 탄생한 성과를 공유하는 것이 주식투자의 본질이자 묘미, 보람이다.

이것을 이해하지 못한 채 주식을 사고파는 것이 본질인 줄 알고 시장에 참여하는 이들이 너무나 많다. 남보다 눈치껏 더 민첩하게, 떨어지면 사고 오르면 파는 거래 기술만 터득하면 된다고 여기는 것이다. 그 결과 판판이 실패하고 '주식투자하면 패가망신'이라는 잘못된 교훈을 안은 채 이후로는 평생 투자의 기회를 놓치고 만다. 비유하자면 넓고 크고 훤한 길이 있는데, 굳이 좁고 어두운 길을 헤매다가 그것이 전부인 줄 알고 지레 나가떨어지고 마는 것이다.

나는 '기업가 정신(entrepreneurship)'과 '프런티어 정신(frontier spirit)'이야말로 투자자에게 가장 필요한 자질이라고 생각한다. 기업가 정신은 기업을 경영하는 데 필요한 기질, 정신, 열정, 능력, 지식, 가치 등을 포괄하는 개념이다. 나는 기업을 수치만으로 평가하지 않는다. 내 회사라는 생각으로, 경영자가 되어 입체적으로 바라보고자 노력한다. 프런티어 정신은 다른 말로 하면 도전 정신이다. 좀 더 나은 내일을 위한 상상력과 도전 정신이 없으면 세상은 발전하지 못한다. 그런 의미에서 나는 때로 가진 것을 지키는 보수적인 투자만이 아니라 도전적인 투자도 시도한다. 주가가 조금 고평가되어 있어도 미래 가치를 믿고 과감히 투자할 때도 있다.

나는 늘 투자하는 기업을 '내 회사'라고 생각해왔다. 그들의 발전 곁에 내가 있었기 때문이다. 투자자는 자금을 대주고 기업은 그것을 동력으로 열심히 일을 해서 성과를 낸다. 그리고 그 성과를 다시 투자자와 나눈다. 이 선순환의 사이클을 잘 활용한 덕에 나는 부자가 될 수 있었다. 아울러 동반자가 될 여러 기업도 얻었다. 동반자가 될 기업을 고르고 투자를 시작하면, 나는 단순한 투자자를 넘어서 그 기업을 사랑하는 소비자이자 더 나아가 경영자의 마음으로 회사를 응원한다. 이것이야말로 투자자에게 꼭 필요한 마인드라고 생각한다.

오래 투자해온 아이에스동서라는 건설회사가 있다. 이 회사가 지은 부산 이기대의 광안대교 옆 W아파트는 지금 부산의 랜드마크다. 그런데 분양 당시에는 미분양이 많아 꽤 고생을 했다. 당시로선 부산에서 고가의 프리미엄급 아파트를 분양한다는 것이 실로 모험이었던 것이다. 분양을 맡은 시행사는 발주사와 상의해

나를 아파트 분양 광고 모델로 썼다. '가치투자의 귀재, 주식농부 박영옥 대표가 선택한 W아파트'라는 슬로건을 전면에 내걸었다. 통상 아파트 분양 광고라고 하면 아름다운 여배우가 나오는 것을 연상하는데 이채로운 선택이었다. 나도 회사를 돕는다는 의미로 미분양 아파트 한 채를 매수해주었다. 당연히 일절 특혜 없이 제 값을 주고 구매했다. 당시 분양가가 13억 원 정도 했는데 지금은 2배 이상으로 올랐다. 회사가 성장하고 브랜드 가치가 높아지자 자연히 아파트값도 오른 것이다. 부동산 투자는 하지 않는다는 지론이 무색하게 성공한 투자가 되어버렸다.

소형전기차를 생산하는 캠시스에 투자했을 때에는 직영매장 오픈식에도 참석했다. 카지노와 리조트 사업을 주력으로 하는 파라다이스에 투자할 때에는 전국에 흩어져 있는 카지노장과 리조트 공사 현장에 틈만 나면 방문했다. 타이어를 생산하는 넥센에 투자하면서 시간이 날 때마다 기업을 방문하고, 넥센에서 만드는 골프공 세인트나인을 선물용으로 대량 구매해 사용한다. 나 스스로 기업의 홍보대사가 되어 어딜 가든 내가 경영하는 회사인 것처럼 알리고 응원한다.

그뿐 아니다. SK텔레콤에 투자하고 있기에 통신사는 그곳만 쓰고, 현대차에 투자하기에 외제차는 타지 않고 에쿠스를 즐겨 타왔다. 케어젠이라는 합성펩타이드에 기반한 토탈 헬스케어 회사에 투자하고 있기에, 그 회사가 생산하는 샴푸와 컨디셔너, 두

피 관리 제품을 주로 사용한다. TV를 시청할 때에도 내가 투자한 한국경제TV를 보고, 자전거를 탈 때에도 삼천리자전거 제품만 애용한다. 여행을 할 때에도 참좋은여행을 이용하고, 식품이나 제과도 내가 투자한 회사 제품을 구매해 사용한다.

사용하는 것만이 아니다. 주변에 널리 소개하고 수시로 제품을 사서 선물하고, 제비가 볍씨 물어다 주듯 고객을 물어다 준다. 그런데 따지고 보면 이렇게 그들 제품과 서비스를 이용하고 주변에 선물하며 인심을 얻는 모든 돈은 내가 그 회사에 투자한 결과 얻어진 수익에서 나온 것이다. 투자하지 않았다면 비용으로 여기며 아까워했을 테지만, 투자하고 나니 기꺼이 사용하고 알리고 싶고 자랑스러워진다. 이것이 주인정신과 기업가 정신에 입각한 투자자의 기본 마인드다.

내가 투자할 기업을
고르는 기준

회사의 경영자가 나를 대신해 회사를 운영해 성과를 내고 그것을 내게 돌려준다. 이렇게 좋은 동업이 어디 있을까? 이런 관점으로 주변에 있는 기업부터 차근차근 공부하면, 투자할 회사는 얼마든지 있다.

나는 대부분의 경우 투자할 기업을 가까운 곳에서 발굴해왔다. 하나의 기업에 투자해서 성공하면, 그 회사를 공부하느라 알게 된 다른 기업이 자연스레 눈에 들어오기도 한다. 이렇듯 내가 아는 기업을 중심으로 징검다리 밟듯이 투자해왔다. 물론 지금 당장 주가가 잘 올라가고 남들에게 인기가 좋은 기업들이 눈에 들어오지 않을 리 없다. 하지만 그것은 내 몫이 아니다. 그 영역을 잘 아는 다른 사람들의 몫이다. 공부가 되어 있지 않으면 내가 투자할 영역이 아니라고 생각한다.

국보디자인은 상업용 인테리어 분야 1위 기업이다. 아마도 이 회사를 아는 사람은 별로 없을 것이다. 하지만 젊은이들이 SNS에 자주 공유하는 핫플레이스를 보면 이 회사 작품이 많다. 고급화, 대형화되는 인테리어 시장에서 독보적인 지위를 유지하는 회사다. 다른 영세한 인테리어 업체들이 비집고 들어설 틈이 없다. 기술력, 영업력, 자금력 등 여러 면에서 월등하다. 수십, 수백억 원 규모의 대형 공사를 많이 수주할 수밖에 없다. 강남 S타워, 제주 신화월드, 그랜드 워커힐 호텔, 롯데타워 시그니엘 호텔 등의 대형 인테리어 공사뿐 아니라 해외 유수의 공사도 여럿 해냈다. 10년 전까지만 해도 인테리어 분야의 1위가 엎치락뒤치락하며 여러 번 바뀌었다. 하지만 지금은 국보디자인을 따라올 경쟁자가 없다. 황창연 대표의 경영 능력, 임직원들의 주인의식과 역량, 뛰어난 디자인 감각과 영업력, 자금력 등이 어우러져 1등을 할 수 있는 힘이 만들어졌다. 능력이 뛰어난 직원에게는 인센티브 등 파격적인 대우를 해주는 것으로 업계에 정평이 나 있어 좋은 인재들이 모일 수밖에 없다. 앞으로도 이 회사가 1위를 유지할 수 있는 이유다.

쿠팡, 네이버, 지마켓 등 온라인커머스 시장이 확대될 때, 나는 거기 숨은 일꾼이 누구인지 관찰했다. 물론 플랫폼 기업들은 일정 비중 이상의 고객을 확보하면 큰돈을 번다. 하지만 쿠팡을 위시해 많은 온라인커머스 기업이 여전히 적자를 면치 못하고 있다. 배당을 중시하고 적자를 내는 회사에는 투자하지 않는 나는 그들 뒤에서 알짜로 돈을 버는 회사를 찾아보았다. 눈에 들어온 것이 세방이었다. 부산 소재의 물류 유통 기업이다. 이 회사는 경기 흐름과 무관하게 꾸준히 돈을 번다. 온라인커머스가 확대될수록 대박까지는 아니어도 안정적으로 돈을 벌어들이며 사세를 확장해왔다. 코로나 팬데믹으로 전 세계가 물류대란을 겪는 동안, HMM 같은 물류 상선 기업의 주가가 크게 올랐다. 먹고 쓰고 소비하는 일에서 물류는 기초 중의 기초다. 게다가 이 회사는 산업과 차량용 배터리를 제조하는 세방전지의 최대주주다. 시가총액 1조 원이 넘는 세방전지에 대한 지분가치만 감안해도 3,000억 원 미만에 불과한 시총이 현저히 저평가된 것이라고 판단했다.

가족들과 함께 해외로 출국하는 길에 인천공항으로 이어지는 거대한 인천대교를 건너다가 발견한 기업도 있다. 어마어마한 크기의 케이블이 연결된 교량을 보면서, 속으로 '저 케이블은 누가 만들지?' 하는 호기심이 일었다. 나중에 찾아보니 고려제강이라는 회사였다. 이 회사는 자동차, 선박, 엘리베이터, 통신, 전력선 등에 들어가는 와이어로프, 강연선, PC강선 등의 제품뿐 아니라, 피아노 줄까지 만든다. 원자재 가격의 흐름에 따라 이익이 변동되는 경기민감 주식에 해당한다. 하지만 이 회사의 저력은 또 있다. 이들은 오랜 역사를 자랑하는 부산 수영구의 공장 부지를 기념관으로 건립하고 그 일대를 명소로 만들었다. 테라로사 카페와 도서관, 음악실까지 갖춘 대규모다. 그런데 이렇게 공장 용지를 근린 생활공간으로 만들면 토지 용도가 변경된다. 지역주민에게 사회 환원도 하면서 동시에 자산가치도 높아진다. 이 회사의 진가는 또 있다. 인공태양, 즉 차세대 핵융합 장치에 들어가는 초전도 선재를 생산·공급하는 자회사 케이에이티를 포함해 다수의 성장 모멘텀도 보유하고 있다.

이렇듯 투자할 회사를 입체적으로 바라보면, 수수함 뒤에 가려진 남들에게는 보이지 않는 매력이 드러난다. 시가총액이 크고 모두가 좋아하는 기업만 바라볼 필요가 없다. 자기가 접할 수 있는, 잘 아는 기업에서 출발하면 된다. 만약 약사라는 직업을 가졌다면 제약회사에 대해서만은 누구보다 잘 알 것이다. 어떤 게 잘 팔리고 마진이 좋은지도 안다.

이렇듯 자기가 익숙하고 잘 아는 영역에서 독점적인 지위를 구가하는 기업을 찾으면 된다. 많은 사람들이 진가를 모를수록 더 좋다. 배당을 주며 성실히 성장하는 회사라면 반드시 주가도 그에 부응해 올라가게 마련이다. 진득하게 관찰하고 동행하면서 성장주기에 투자하면 된다. 그 과정을 몇 번이고 반복하면, 주식투자가 결코 어려울 리 없다.

주식투자는
노력한 만큼
얻는 사업이다

주식투자가 쉽다고는 했지만, 큰 노력이 없이도 돈을 벌 수 있다는 의미는 아니다. 심지어 노력 없이 버는 쪽이 더 달콤하다고 생각하는 이들도 있는데 매우 곤란한 발상이다. 돈은 얼마나 버는가보다 어떻게 버는가가 더 중요하다. 가치 있게 벌고 가치 있게 쓴다면, 그 돈은 사회 곳곳에서 역할을 다하면서 모두가 발전하는 방향으로 작용한다. 하지만 요행과 운으로 번 돈을 의미 없는 곳에 펑펑 쓴다면, 성실하게 일하는 이들에게 상대적 박탈감만 선사하고 돈의 가치를 떨어뜨리는 악순환으로 작동한다. 물론 그렇게 해서는 큰돈을 벌기도 힘들다.

나는 일반 투자자들보다는 자본시장에 대한 공부를 많이 한 편이다. 회계사 시험을 준비한 적도 있었기 때문에 기업의 경영과 회계 관련 지식도 어느 정도 갖추고 있다. 현대투자연구소에 몸담으면서 매주 잡지 한 권 분량의 주간 주식정보지를 만들기도 했다. 증권사에서는 고객 자산을 운용하면서 매일 피 말리는 거래를 했고 투자자문사에서도 일했다. 제도권에서 10년 이상 일한 셈이다. 증권사에서 일할 때는 주식시세표에 있는 전 업종, 전 종목을 순서대로 다 암기할 정도였다. 기업 탐방을 다니면서 여러 회사의 업황을 익혔으며, 업종의 키워드만 입력해도 관련 데이터가 술술 나올 정도였다. 하지만 여전히 매일 노력하고 공부한다. 아직도 모르는 것이 너무 많기 때문이다. 모르는 것에는 투자하지 않는다는 원칙을 두고 있기에 더 열심히 공부할 수밖에 없다.

새벽에 일어나 국내 증시만이 아니라 해외 여러 증시들을 살피고 뉴스를 갈무리한다. 국내외 정치, 경제, 사회, 문화의 흐름과 트렌드를 놓치지 않기 위함이다. 지방 곳곳을 돌아다니며 기업 현장을 살펴보고 하루 종일 전화통을 붙들고 관련 정보를 취합하는 것도 게을리하지 않는다. 이 모든 노력은 투자할 기업을 고르고, 그 기업과 동행하고 소통하기 위함이다. 이렇듯 투자자의 시선을 유지하면, 무의식적으로 놓쳐버렸을 아주 작은 정보가 결정적 힌트가 되어주기도 한다.

남들보다 2배 더 벌고 싶으면 2배 더 노력해야 하고, 10배 더 벌고 싶으면 10배 더 노력해야 한다. 열심히 노력하면 벌지 못할

리 없다. 내 일과는 보통 새벽 5시에 시작되지만 새벽 3시에도 일어나 서재로 가서 컴퓨터를 켜곤 한다. 뉴욕 증시가 끝나는 새벽 무렵에 자주 깬다. 해외 기업에는 투자하지 않지만, 그렇다고 관심을 꺼두지 않는다. 미국, 유럽, 남미, 인도 등 주요국 증시도 살핀다. 세계 경제는 이제 하나의 묶음으로 움직이기에, 어느 것 하나 소홀히 할 수 없다. 경제 뉴스뿐만 아니라 정치, 사회문화, 군사, 기후, 환경, 기술 등 주요 사건들도 탐색한다. 의외로 주가와 무관한 것처럼 보이는 정보에서 투자의 힌트를 얻는 일도 많다.

궁금한 것이 생기면 회사 관계자들이 일과를 시작하는 9시까지 기다리기가 힘들다. 꼼꼼히 적어두었다가 출근시간이 되면 바로바로 전화해서 물어본다. 모든 일상이 투자와 연결되어 있다 보니, 차를 타고 움직일 때도 여러 사람과 통화하면서 정보를 탐색한다. 오늘 보았던 뉴스가 내가 투자한 기업에 영향을 줄 만한 요소라면, 회사 관계자에게 전화해서 어떻게 생각하는지 묻는다. 같은 주제라도 여러 사람들에게 두루 물어보고 그들의 생각을 듣고 종합한다.

평소 사람들의 행동이나 모습도 관찰 대상이다. 하도 질문을 해대는 통에 "뭐 이런 것까지 물어보세요?" 하는 반문을 들을 때도 많다. 기업 탐방을 가거나 하다못해 가족여행을 가서도 여기저기 헤집고 다니면서 온갖 걸 다 궁금해한다. 그런 나를 보고 가족들은 '물가에 내놓은 애 같다'며 혀를 끌끌 차기도 한다. 어딜 가든 가만히 앉아 있는 법이 없다. 나는 사람들의 시선에 아랑곳하지 않고 생각이 튀는 방향으로 마음껏 탐구하고 수집하고 연구한다. 요즘에는 인터넷으로 뭐든 찾아볼 수 있어 정말 행복하다.

나의 일과나 살인적인 스케줄을 아는 사람들은 "돈도 많은데 뭐 하러 그렇게 바쁘게 사느냐?"고 반문한다. 시간을 아끼기 위해 적당히 끼니를 때우는 일도 많다. 잠시 소파에 편히 누워 망중한을 즐길 여유조차 별로 없다. 그런 나를 보고 '성공해봐야 뭔 소용이야, 고작 저렇게 사는 걸…' 하고 흉볼지도 모른다. 하지만 나는 이렇게 살아가는 내가 좋고 만족스럽다. 조금씩 나를 위한 무언가를 포기하지만, 그 대신 우리 사회에 조금이라도 기여한다는 생각에 큰 보람을 느낀다. 내게 투자 수익은 절대 불로소득이 아니며, 치열한 노동의 결과물이다. 또한 내게 주식투자는 삶의 원동력이며 나를 매일 성장하게 해주는 스승이자 보람과 행복을 안겨주는 성취의 장이다.

성공한 투자자는 성공한 경영자를 닮았다

나는 젊을 때부터 주식투자를 해보는 것이 좋다고 생각한다. 설령 실패를 맛본다 해도 수업료를 지불한 셈 치면 된다. 실패는 성공으로 가는 지름길이다. 다만 모든 일이 나로 인해 발생했다는 책임의식이 있어야 한다. 내 탓이라고 생각하고 실패의 원인을 직시해야만 비로소 그것을 극복하고 성공할 수 있다. 똑같이 실패했어도 남 탓을 하면서 원망하는 식의 태도로는 아무것도 배울 수 없다.

투자자가 되기 위한 연습은 경영자가 되기 위한 연습과 동일하다. 주식투자를 통해 복리의 기적을 체험하게 되면, 푼돈의 가치를 알게 된다. 젊을 때는 버는 것이 적다 보니 '티끌 모아봐야 티끌'이라고 생각하기 쉽다. 게다가 돈 쓸 일은 좀 많은가? 그런데 투자를 시작하면 푼돈이 허투루 보이지 않게 된다. 매달 10만 원씩 절약해 주식을 사면 10년 후에는 원금만 1,200만 원이 된다. 연 10퍼센트 정도 수익을 낸다고 보고 복리로 계산하면 무려 2,065만 원이 된다.

게다가 주식을 사서 투자한 기업을 깊이 공부하면, 자연스레 그 기업이 속한 업종에 두루 관심을 갖게 된다. 투자자의 시선으로 세상을 보면, 관심사가 산업과 경제 전반으로 확대되고 시간이 흐를수록 식견이 넓고 깊어진다. 하루 24시간을 보내는 방법도 달라진다. 이전에는 3~4시간씩 게임을 하거나 TV 시청을 하던 사람도 투자를 시작하고 돈을 불려가는 데 재미를 붙이면, 그런 시간이 아까워진다.

주식투자는 경영 수업과 다르지 않다. 일반인들은 잘 모르는 얘기지만, 기업인들 중에서 2세나 3세들을 일부러 증권업계에 취업

시켜 수년간 경영 수업을 시키는 이들이 많다. 자기 기업이 속한 업종만이 아니라 시야를 넓혀 여러 분야를 섭렵하면서 현장 경험을 쌓는다. 심지어 급여도 받지 않고 다니는 경우도 있다. 주식투자야말로 '돈 주고도 사기 힘든' 소중한 경영 수업인 것이다.

자신이 직접 공부하고 발로 뛰면서 10년 정도 열심히 투자했다면, 그 기간 동안 돈도 벌면서 자기만의 경제학 박사학위를 취득하는 셈이다. 그러니 주식투자를 권하지 않을 이유가 있겠는가.

미스터 마켓은 조울증 환자와 같다.
주가가 올라가면 흥분을 감추지 못하고 높은 가격에 주식을 매수하고,
주가가 떨어지면 갑자기 비관적이 되어 낮은 가격에 주식을 팔아치운다.

– 벤저민 그레이엄Benjamin Graham

Commandment
O2

부화뇌동하지
마라

가치에 대한 기준은
내가 세우는 것이다

주식시장은 여러 자산시장 중에서도 가격 평가기준이 비교적 과학적으로 정립되어 있다. 그러나 다수의 투자자들이 서로 다른 가치기준을 가지고 거래하다 보니, 가격 변동성이 심할 수밖에 없다.

흔히 '좋은 주식을 싸게 사야 한다'고 말한다. 여기서 '싸다'는 것은 주가 자체를 말하는 게 아니다. 기업의 가치보다 주가가 높게 형성되어 있다면 비싼 것이고, 기업의 가치보다 낮게 형성되어 있다면 싼 것이다. 무엇을 기준으로 싸고 비싼지 파악할 수 있는 완벽한 공식은 없다. 물론 대중적으로 통용되는 몇몇 도구들은 있다. 대표적인 것이 PER(Price Earning Ratio, 주가수익비율)이다. 현재의 주가를 주당순이익으로 나눈 수치로, 만약 주가가 4만 원이고 주당순이익이 4,000원이라면 PER은 10이 된다. 쉽게 말하면 투자한 자산을 몇 년 안에 회수할 수 있느냐 하는 지표라고 할 수 있다. 낮을수록 저평가되어 있다는 의미이고, 높을수록 고평가되어 있다는 뜻이다. 일반적으로 10보다 높으면 고평가되어 있다고 보지만, 업종이나 산업에 따라 기준은 달라진다.

또 다른 기준으로 PBR(Price Book-value Ratio, 주가순자산비율)이 있다. 주가를 주당순자산으로 나눈 비율로, 회사가 청산할 때 주주들이 가져갈 몫을 의미한다. 가령 PBR이 1이라면 회사가 가진 순자산과 주주들이 가져갈 몫이 같고, PBR이 1보다 낮으면 주주들이 가져갈 몫이 더 많다는 것이다. PBR이 낮으면 낮을수록 투자할 유인이 더 생기게 되는 이유다. 그 외에도 주가 평가의 기준으로 활용되는 도구들은 많다.

증권사들이 내놓는 컨센서스(Consensus), 즉 기업의 실적 전망 분석을 참고해 투자를 결정할 수도 있다. 해외 투자은행을 비롯해 여러 증권사가 내놓은 주가 예상치를 평균화한 컨센서스는 어느 정도 객관적인 기준이 되어줄 수도 있다. 그런데 컨센서스만으로 주가를 예측할 수 있다면, 주식투자는 땅 짚고 헤엄치기가 아니겠는가? 증권사가 발행하는 리포트 역시 참고자료가 된다. 나 역시 공부하고 있는 기업과 관련한 증권사 리포트를 빼놓지 않고 읽는다. 하지만 어디까지나 참고사항일 뿐이다. 대개 내가 관심 갖는 기업은 보통 리포트가 잘 나오지 않는 경우가 많다.

리포트가 많이 나오는지 여부만을 기준으로 투자를 결정하는 사람도 있는데, 그것은 옳은 방법이 아니다. 오히려 애널리스트들이 찾지 못한 데서 숨은 진주가 발견되기도 한다.

증권사 리포트보다 더 꼼꼼히 읽어야 하는 것은 오히려 회사가 직접 작성한 사업보고서다. 그리고 이러한 모든 정보와 자료보다 훨씬 더 중요한 것은 본인 스스로 직접 판단한 가치기준이다. 비즈니스 모델, 경영자의 능력과 도덕성, 미래 성장성과 수익성, 기업의 문화, 구성원들의 능력, 경쟁회사의 구도, 배당 능력과 의지 등 기업이 가진 가치를 다방면으로 판단해야만 한다.

설립된 지 30년이 넘는 트럭터미널을 운영하던 회사가 있다고 하자. 자산규모가 800억 원대이던 회사가 직접 소유한 토지의 가치 상승으로 자산규모가 5,000억 원으로 늘었다. 주당순자산 가치가 높아졌으니 이 회사에 투자해도 될까? 섣불리 판단하기는 이르다. 이 회사 매출은 200억 원 수준으로 매년 2퍼센트 남짓의 상승을 보이며, 영업이익은 20억 원대, 순이익은 3억~4억 원 수준이다. 땅값이 현실화되어 자산가치가 늘어났을 뿐, 실질적으로 회사의 가치가 상승하거나 성장할지는 쉽게 판단하기 어렵다.

업종 자체가 사양산업으로 가는 추세이거나 탁월한 경영능력을 보이던 창업자가 은퇴하고 역량이 검증되지 않은 아들이 2세라는 이유로 경영자에 취임하는 기업은 어떨까? 탄탄한 기업인데 갑작스레 대주주가 바뀌어 횡령을 일삼던 부도덕한 사람이 경영자 자리에 앉는다면 어떻게 해야 할까?

내가 기업에 본격적으로 투자하기 전에 최소한 3~4년 동안 공부하고 지켜보기를 권하는 이유다. 우선 지난 10년간 걸어온 역사를 세밀하게 추적해봐야 한다. 자산가치, 수익가치, 배당, 경영자, 직원, 기업문화, 업종 전망 등도 두루 살펴야 한다. 이것은 기본 중의 기본이다. 이 바탕 위에 '나만의 가치기준'이 생겨나야 한다. 자산가치가 떨어지지만 경영자의 역량이 탁월해서 가산점을 줄 수도 있다. 배당수익률은 높지만 재무구조가 건실하지 못해서 가치를 낮게 설정할 수도 있다. 각자 자신의 가치기준에 따라 평가하고 투자할 수 있어야 한다. 그것을 실전 경험을 통해 검증함으로써 보완하고 강화하거나 수정하면 된다.

모든 결정이 그렇듯, 최후의 순간에는 주관적 판단이 개입된다. 가치판단은 어디까지나 내가 내리는 것이다. 정보를 찾고 공부하는 것은 그 판단에 확신을 더하기 위한 수단이다. 똑같은 정보도 어떤 사람은 의미 없이 넘겨버리고, 어떤 사람은 거기서 미래 전망을 발견한다. 나는 섣불리 '안다'고 가정하지 않는다. 그렇기에 매장을 부지런히 가보고 기업을 방문해서 직원들의 표정을 살핀다. 인근 식당에 가서 그 회사에 대해 물어보고 부동산 중개업소에 가서 보유한 땅의 가치를 탐문한다. 주식담당자와 수시로 통화하고 주주총회에 시간을 내서 참석한다. 이렇듯 꾸준히 공부하는 이유는 결국 나만의 가치기준을 발전시키기 위한 것이다.

기업가치를 평가하기 위해서는 어느 정도 통찰력이 필요하다. 통찰력이란 그간 살아온 경험, 지식, 사고방식, 성향과 세상을 바라보는 태도나 관점과 관련이 있다. 통찰력은 경험과 지식이 총체적으로 융합되어 비로소 발현되기 때문이다. 사업가의 관점으로 매일 공부하고 고민하며 행동하다 보면, 어느 순간 파편처럼 흩어져 있던 정보들이 하나로 결합되어 통찰이 생겨난다.

'그렇게 하다가는 한 종목 투자하는 데에도 한세월 걸리겠다!'고 할 것이다. 정확한 지적이다. 따로 직업이 있다면, 2~3년 동안 두세 개 기업을 공부하는 것도 만만치 않다. 기업을 조금씩 알아나가면서 확신의 강도를 높여가며 주식을 서서히 매수한다. 내 경우 한 기업의 주식을 의미 있게 편입하는 데 최소 1~2년이 걸린다. 평범한 직장인이라면 3~4년에 걸쳐 서서히 공부하며 매수해도 괜찮다.

당신이 지금 쥐고 있는 돈은 정말 열심히 일해서 번 소중한 자금이다. 그것을 불확실한 기업에 투자할 수는 없는 노릇이다. 주식투자는 기업의 미래를 보고 하는 것이니 어떤 선택도 100퍼센트 확실하다고 장담할 수 없다. 그러나 당신 스스로 90퍼센트 정도까지는 확신할 수 있어야 한다. 나머지 10퍼센트는 투자를 한 뒤 그 기업과 동행하고 소통하면서 꾸준히 관찰하고 분석해야 하는 합리적 의심의 영역이다. 그렇게 조금씩 잃지 않는 투자를 지속해간다면, 반드시 좋은 성과로 이어질 것이다.

내 것이 아닌 것에 욕심내지 말고 주어진 수익에 감사하라

나는 주식을 매수하기 전에 해당 기업에 대한 가치평가를 충분히 거친다. 살 때부터 적정 목표주가와 기대수익도 미리 산출한다. 그런데도 목표주가에 꽉 차게 도달할 때까지 기다렸다가 꼭지에서 파는 일은 여간해서는 없다. 주식 격언에서 말하는 어깨에서는커녕 심지어 무릎 언저리에서 파는 경우도 허다하다. 어떤 이들은 이런 나의 투자 패턴을 비웃기도 한다. 충분히 더 벌 수 있는데도 못 번다는 것이다. 마지막 과즙까지 다 뽑겠다는 생각으로 수익을 쥐어짜는 것은 내가 선호하는 방식이 아니다. 길게 오래 투자해본 결과, 그렇게 하는 것이 실질적인 큰 수익으로 연결되지 않는다는 걸 절감했다. 설령 주가가 더 오를 것 같아도 목표주가에 도달하면 매도한다. 내가 설정한 가치에 도달했을 때가 내가 정한 수확의 시점이기 때문이다.

2001년 투자했던 고려개발(2020년 7월에 (주)삼호에 피합병되었으며, 이후 상호를 대림건설(주)로 변경했다. 또한 대림건설은 2021년 3월 DL건설로 사명을 변경했다)이 그런 예였다. 1990년대 말 건설경기가 활성화되던 시기였다. 고려개발은 1987년 거제도 고현만 매립을 하던 중에 부도를 맞아 대림그룹에 인수되었다. 그런데 이후 거제도에 중공업 기업들이 자리 잡으면서 땅값이 많이 올랐다. 회사 자체도 건실했다. 납입자본금이 300억 원이고 영업이익이 100억 원 이상 났다. 주가는 액면가(@5,000) 밑인데도 배당을 500원가량 주었다. 액면가 기준 배당수익률이 10퍼센트, 시가배당수익률은 15~20퍼센트나 되었다. 용산 본사에 가서 소통을 해보니 회사가 매우 투명하게 경영되고 있음을 알 수 있었다. 부채도 거의 없고 안정적인 수익 창출이 가능하다는 확신이 들었다. 제조업으로 치면 재고자산에 해당하는 다량의 부동산을 보유한 데다 법정관리 과정에서 채권은행의 강도 높은 개입으로 구조조정도 이루어진 상태라 재무구조가 심플하고 건강했다. 직원들의 만족도도 높았다. 내가 생각한 고려개발의 가치는 2만~2만 5,000원 선이었다.

2001년부터 주식을 매입하기 시작했다. 매수 가격은 3,200원에서 7,000원대였다. 도중에 9·11 테러가 발생해 주가가 5,000원대로 떨어졌다. 기회라고 생각해서 대량 매수를 하고 기다렸다.

본사, 고현만 부지, 온천을 개발한다는 천안에까지 수시로 가보았다. 현장 소장들과 이야기를 나누고 같이 소주도 마시면서 소통했으며, 등기부등본도 떼어보았다. 그러다 보니 어느 순간부터는 회사 사람들보다도 회사 사정을 훤히 알게 되었다. 처음 계획할 때 설정한 목표 가치는 2만 원이었지만, 정작 수확은 1만 5,000원 무렵에 했다. 회사가 잦은 유상증자를 했기 때문이다. 증자 후에는 매우 적극적으로 기업설명회를 하고 기관 대상으로 세일을 하는 등 주가 부양을 위해 힘쓰는 모습이었다. 그에 부응하듯 주가도 꾸준히 올랐다.

하지만 내 농사계획은 거기까지였다. 수확 시점이 오면, 나눈다는 생각으로 매도를 하고 다른 투자처를 찾는다. 더 올라갈 것을 알았지만 과감히 팔았고, 그 후론 미련을 두지 않았다. 오직 얻은 수익에 감사하는 마음만 가졌다.

애초에 기대한 수익에 도달해준 것에 '감사하는 마음'을 갖는 것이 더 중요하다. 내가 팔고 난 다음에 더 오르는 것은 내 몫이 아니다. 얻은 수익으로 또 다른 좋은 기업에 투자하면 된다. 이후에 고려개발 주가는 4만 원대까지 올라갔다. 더 많은 수익을 낼 수 있었으니 결과적으로 잘못 판단한 것일까? 지금 보면 그런 것도 같다. 하지만 다시 그때로 돌아간다 해도 나는 똑같은 선택을 했을 것이다.

나는 고려개발을 정리하면서 KCC건설을 매수했다. 자기자본

비중이 크고 매년 300억~400억 원씩 이익을 냈으며 배당수익률도 높았다. 증자 전까지는 고려개발 쪽이 가치가 높다고 보았지만, 이젠 KCC건설 쪽의 가치가 더 높다고 판단됐다. 당시 내 판단이 그랬다. 고려개발은 내가 처음으로 투자한 건설주였고, 그 회사를 공부하다가 KCC건설도 발견했다. 처음으로 건설사 지분을 사들이면서 정말 열심히 탐구했다. 건설사가 어떻게 돌아가며 어떻게 해야만 이익이 나는지 많은 공부 끝에 알게 되었다. 그래서 KCC건설에도 투자할 수 있게 된 것이다.

기업은 살아 있는 생물과 같아서 변화하는 환경에 따라 진화하지 못하면 퇴화되고 만다. 그러므로 나는 사두고 무작정 묵혀두는 '장기투자'를 권하지 않는다. 동행하는 동안 내가 설정한 가치까지 주가가 올라오면 그것으로 충분하다. 내가 설정한 판단기준과 원칙에서 벗어난 수익은 나의 것이 아니다. 내가 아직 공부하지 않은 기업의 주가가 올라가는 것도 나의 몫이 아니다. 이렇게 생각하면 쓸데없이 감정을 소모하는 일은 없을 것이다. 이는 그 다음 번 투자에도 분명 긍정적인 영향을 주게 되어 있다.

움직이는 것은 주가가 아니라 사람 마음이다

주가는 항상 움직인다. 왜 움직일까? 많은 경우 거의 이유가 없다. 매일 기업가치가 달라지는 것도 아니다. 또한 주식을 매도하지 않는 한, 수익도 손실도 실현된 것이 아니다. 주가란 그저 매일의 출렁거림일 뿐이다.

그런데 이상하게도 우리 마음은 주가를 따라 출렁인다. 주가가 올라가면 기분이 좋고 주가가 떨어지면 우울해진다. 주가가 올랐다는 이유로 기분 좋게 친구에게 술을 사거나 구매를 망설이던 물건을 사들인다. 주가가 떨어졌다는 이유로 세상이 끝나기라도 한 것처럼 한숨을 푹푹 내쉰다.

때로는 아무 이유 없이 주가는 오르내린다. 똑같은 주식이 어제 1.5퍼센트 올랐다가 오늘은 1.5퍼센트 내린다. 회사가 어제 영업을 잘했고 오늘은 제품을 1.5퍼센트 덜 판 것이 아니다. 특별한 호재도 없는데 한 달 동안 꾸준히 올라간 주가가 하루아침에 원상 복구되기도 한다. 심지어 어제 상한가를 달리던 종목이 오늘 하한가로 곤두박질치기도 한다. 그러니 '주가는 흔들리게 마련이다.' 하고 편하게 생각하면 된다.

물론 폭락이나 폭등이 기업이 가진 근본적인 원인에 의한 것은 아닌지 확인하고 점검하는 작업은 필요하다. 하지만 평소 꾸준히 기업과 소통하면서 차근차근 목표대로 가고 있다는 것을 안다면, 주가의 등락에 휘둘릴 필요가 없다.

주가의 흔들림에 따라 마음이 덩달아 흔들리는 이유는 기업에 투자하지 않고 주식을 사고파는 행위에만 관심을 두기 때문이다. 식당의 메뉴와 영업력에 자신이 있는데, 오늘 하루 비가 와서 손님이 적다고 식당 문을 닫고 전업을 하겠는가? 그럴 리 없다. 그러나 내가 투자한 기업과 함께 사업을 한다는 마인드가 없으면, 마음은 쉽게 요동친다.

나는 현장을 숱하게 방문하고 임직원과 대화를 나누면서 충분히 소통하고 동행한다. 단번에 매수하는 경우가 없다 보니 원하는 만큼 매입하지 못했는데 주가가 너무 빨리 올라가 아쉬운 경우가 종종 있다. 반대로 아직 충분히 주식을 매수하지 못한 기업의 주가가 떨어지면 오히려 반갑다. 물론 충분히 투자되어 있는 상태에서 주가가 떨어지면 나도 기분이 좋을 리 없다. 나는 티를 내지 않는 것 같은데 아내는 미묘한 심경 변화를 눈치챌 수 있다고 한다. 하지만 그러한 감정의 변화는 금방 사그라든다.

주가가 흔들릴 때 마음을 잡지 못하면, 부화뇌동, 뇌동매매, 남 따라 거름지고 장에 가는 투자 방식에서 벗어나기 힘들다. 흔들리는 마음을 다잡는 유일한 방법은 내가 투자한 기업을 더욱 잘 아는 것이다.

●　　　　　　　　　　　　　　　　담대할 수 있는 금액으로
　　　　　　　　　　　　　　　　　　　　　　시작하라

많은 전문가들이 조언하듯이, 나 역시 '절대 빚을 내서 투자하지 말라'고 조언한다. 주식이 리스크를 동반하는 위험 자산이라서가 아니다. 주식투자는 상당한 변동성을 동반하기 때문에 심리적 요인이 매우 중요하다. 여유자금이 아닌 차입금이나 당장 써야 할 목돈이나 생활자금으로 투자했을 때는 심리적 균형감을 유지하기 힘들다.

적극적인 투자방법에 속하는 주식투자는 언제나 원금 손실의 리스크를 안고 있다. 아무리 두드려보면서 돌다리를 건너도, 긴 사이클로는 반드시 성장할 기업이라 해도, 어느 특정 기간에는 주가가 하락할 수 있다.

기업은 잘하고 있는데 대외변수로 일시적으로 주가가 하락할 수도 있다. 때로 하락세나 횡보세가 상당 기간 지속될 수 있다. 결국 체력이 있는 기업은 손실을 회복하고 다시 올라온다. 그러나 그 기간 동안 빚이나 급한 용도가 있는 자금으로 투자한 투자자는 기다릴 여력이 없다. '빚투'의 유혹에 빠지게 되는 이유는 내가 가진 돈보다 더 많은 투자로 단기간에 더 많이 벌기를 바라는 욕심 때문이다. 그러나 세상은 그렇게 호락호락하지 않다. 절대 급하게 생각할 필요가 없다. 적은 금액이라도 상식을 거머쥐고 시간에 투자하면 반드시 큰 수익을 거둘 수 있다.

사자의 심장을 가진
라이언 투자자가 되라

내가 주식투자에 대해 원점에서 생각하게 된 계기는 아이러니하게도 최악의 실패를 맛본 직후였다.

IMF 외환위기를 맞아 고객의 깡통계좌를 보전해주기 위해 분투하면서, 나는 투자의 본질을 깨우쳤다. 위기는 예측할 수 없다. 물론 반복해서 겪다 보면 어느 정도 패턴에 익숙해진다. 그러나 점쟁이가 아닌 이상, 앞으로 닥칠 변동의 크기와 위력을 짐작하기 어렵다. 위기를 통해 체득한 또 한 가지 진실은 '위기는 반드시 극복되며, 위기야말로 오히려 기회'라는 점이다. 실제 나의 자산은 그런 위기 때마다 비약적으로 늘어났다. 전업투자자의 길로 인도해준 9·11 테러 사건과 그 후에도 수시로 밀어닥친 위기는 나의 자산을 증대시켜주는 기회가 되었다.

다른 분야에서도 그렇듯 주식시장에서도 위기를 기회로 바꾸는 투자자들은 드물다. 그래서 이들을 흔히 슈퍼개미라 부른다. 일반적인 개인투자자들과 구분을 하는 것이다. 하지만 이는 투자자 스스로 자신들의 노력과 성취를 폄하하는 말이나 다름없다. 성공한 투자자를 우러러보긴 하지만 한낱 '슈퍼'라는 말이 덧붙여졌을 뿐 개미를 벗어나지 못한다. 심지어 예전에는 곰, 미꾸라지, 가물치, 세발낙지 등으로 부르며 주식시장에서 돈을 번 사람들을 평가절하하기도 했다. 이것이 종종 나에게도 슈퍼개미라는 칭호가 따라오지만 그렇게 불리길 거부하는 이유다.

나는 담대하게 투자해 위기를 이겨내고 성공한 이들을 '라이언 투자자'로 명명한다. 자산 규모가 크든 작든 상관없다. 개인투자자라는 약점을 강점으로, 인간 본연의 나약함을 강인함으로, 위기를 기회로 바꾸는 모든 투자자들을 일컬어 개미라는 이름 대신 '라이언'이라고 불러줬으면 좋겠다. 그리고 우리 모두가 '개미'에서 벗어나 용맹한 '라이언 투자자'가 되기 위해 노력하길 희망한다.

IMF를 맞은 1997년 말 코스피 지수는 343포인트를 기록했다. 1,000포인트 대를 호가하던 지수가 10년 이전 수준으로 폭락했다. 지수는 평균을 의미하기 때문에 그 이상 폭락한 주식도 많았다. 1만 2,000원(@5,000) 하던 대우증권 우선주는 1,200원까지 떨어져 1/10이 되었다. 그나마 살릴 수 있는 주식을 가지고 있는 경우는 다행이었다. 회사가 도산해서 주식이 하루아침에 휴지조각이 되어버린 경우도 허다했다. 빚을 내 주식을 산 사람들 중에는 하루아침에 엄청난 빚을 떠안는 경우도 있었다. 증권사 직원들 중에서는 자살하는 이들도 속출했다. 이렇듯 경제에 밀어닥치는 홍수는 거의 예고 없이 온다. IMF 사태를 맞아 달러당 800원 정도 하던 원화 가치가 1,900원대까지 하락했다. 삼성전자 주가는 3만 원대로 폭락했다. 이렇게 폭락한 원화, 주식, 채권이 외국 투자자의 손으로 손쉽게 들어갔다.

그러나 거시경제로 인한 위기는 주식투자를 하는 농부에겐 예기치 않은 천재지변과 같다. 태풍이 온다고 농부가 농사를 작파하겠는가. 농부가 할 일은 자기 논밭을 버려두고 짐을 싸서 도망가는 게 아니다. 코로나 팬데믹 때도 그랬다. 그럴 때 주식을 다 팔고 도망가선 안 된다. 오히려 위기가 지나면 더 강하게 살아남을 기업을 더 강하게 보유한 채로, 그 상황을 헤쳐 나가야 한다.

거시적 지표라고 불리는 경기, 지수, 물가, 환율 등의 지표는 투자자가 일일이 파악해 대응해야 할 조건들이 아니다. 그런 태풍은 기업들이 헤쳐나가야 할 변수일 뿐이다. 좋은 기업을 선택해 투자한다면, 그들이 다 알아서 극복해나갈 것이다. 우리는 그저 충격이 닥칠 때 흔들리고 무너질 수도 있다는 마음가짐이면 충분하다. 위기가 지나고 난 뒤에 더 강하게 살아남을 수 있도록 일련의 조치를 취하면 된다. 우리가 믿을 것은 오직 기업뿐이다.

위기의 끝은
기회다

위기가 닥치면 많은 이들이 극단의 공포상태에 빠진다. 언론의 헤드라인은 연일 불안을 조장한다. 그 안에 있다 보면 마치 위기가 영원히 끝나지 않을 것 같은 압박감을 느낀다. 하지만 전 국가적 위기인 IMF 때도 주식시장은 1년 반 정도 만에 회복되었다.

2001년 미국 9·11 테러가 발생했을 때 세계 증시는 공황 상태에 빠졌다. '미국이 망한다', '회색전쟁이 시작됐다'… 연일 공포 분위기가 조성되는 가운데, 코스피 지수도 단숨에 15퍼센트나 폭락했다. 그러나 과거의 경험을 상기한 나는 보령제약, 고려개발, KCC건설, 넥상스코리아(당시 대성전선) 등 그동안 꾸준히 소통하고 동행해왔던 우량한 기업의 주식을 더 적극적으로 매수했다.

그러고 나서 가만히 기다렸다. 주가의 단기적인 급락은 금세 회복되었고, 6개월 정도가 지나자 주가는 오히려 이전보다 더 크게 올랐다.

위기는 늘 닥친다. 그리고 위기는 언제나 지나가게 되어 있다. 오랜 역사를 자랑하는 미국 증시에도 '이 또한 지나가리라(This too will pass)'라는 격언이 있다. 더 중요한 것은 그 위기 속에 바로 '기회'가 있다는 사실이다. 세상이 흔들리면 언제나 기회가 열리고, 그 기회는 담대한 자들에게만 성과를 안겨준다.

위기가 닥쳐서 주가가 폭락하면 많은 이들이 참지 못하고 주식을 매도한다. 더 싼 가격에 던지지 못해 안달이 난다. 어느 정도 참고 감내하던 사람들조차 다수의 대중이 던지기 시작하면 따라서 던진다. 위기를 즐기라는 말은 한가한 소리다. 우물 속에 있기 때문이다. 태풍 속에 있기 때문이다. 상황에 압도되어 있을 때에는 그 위기 역시 지나가고 극복될 수 있다는 걸 상기하기 어렵다. 하지만 여러 차례 위기를 겪은 사람이라면 그것이 기회임을 안다.

투자의 귀재 벤저민 그레이엄은 "진정한 투자자라면 위기를 쌍수 들고 환영해야 마땅하다."고 강조했다. 대외적인 요인, 즉 경기나 자연재해, 국가 정책 등으로 인해 주가가 50퍼센트 급락한다. 해당 기업의 펀더멘탈을 잘 알고 지켜보고 있던 투자자 입장에서 이는 '50퍼센트 할인판매', '폭탄세일'이나 다름없다.

세상의 흔들림에 따라 같이 흔들리는 대신 차분하게 한 발 떨어져서 볼 수 있는 사람, 과거의 경험을 바탕으로 좀 더 넓고 멀리 내다볼 수 있는 사람은 위기에 더 성장한다. 뱃멀미를 할 때 눈앞의 요동에 집중하면서 발밑만 내려다보면 오히려 증세가 더 심해진다. 시선을 멀리 수평선에 두고 심호흡을 하며 흔들림에 자연스레 몸을 맡겨야 한다.

2008년 미국 발 글로벌 금융위기 때도 마찬가지였다. 전 세계 증권시장이 요동을 쳤다. 하루에 100포인트 이상 등락을 거듭하며 투자자들을 공포에 떨게 했다. 나 역시 타격을 피할 순 없었다. 당시에 나는 배당이 많이 나오는 증권주나 우선주에 많이 투자하고 있었는데, 금융위기라는 성격상 증권주가 일반 제조업 주식보다 더 많이 하락했다. 하지만 위기가 지나고 나면 1등 기업을 중심으로 큰 폭의 상승이 뒤를 이을 것이라 예상됐다. 손실을 감수하고 증권주와 우선주 일부를 매각하고, 그 자금으로 각 업종별 1등 기업 매수에 나섰다. 그동안 공부하고 소통했으나 가격이 부담되어 많이 보유하지 못했던 우량주들을 매집하기 시작한 것이다. 시중에는 일시적 자금 경색에 시달리는 대주주 지분이나 대량 물량이 쏟아져 나오고 있었다.

당시 내가 2대 주주로 있었던 대동공업의 주가도 2만 5,000원대(@5,000)이던 것이 1만 3,000원까지 떨어졌다. 나는 그 기회를 활용해 지분을 16퍼센트까지 늘렸다. 현대차를 4만 원대, 삼천리 자전거와 참좋은레져(현 참좋은여행)는 3,000~4,000원대, 1등 종자회사 농우바이오를 3,000원대에 매수할 수 있었다. 인터넷 보안업체 나우콤, 증권방송의 최강자 한국경제TV, 진단시약 1위 업체 에스디(훗날 미국 엘리어에 인수되었다가 상장폐지되었다. 무분별한 M&A로 경영 실적이 나빠진 엘리어가 구조조정을 하면서 2010년 에스디의 바이오센서 부문을 매각했는데 이를 인수해 2010년 12월 27일에 창업한 회사가 에스디바이오센서다) 등도 헐값에 사들일 수 있었다. 3년 정도가 흐르고 이들 기업의 주가는 적어도 3~4배 올랐다. 위기야말로 내게는 자산을 비약적으로 증대시키는 계기가 되어준 것이다.

강한 폭풍이 불어 닥치면 업계는 호된 구조조정을 거치게 된다. 그 결과 강한 1, 2등만이 살아남는다. 비단 위기에 국한된 얘기가 아니다. 경기가 좋아 공급이 과잉되고 우후죽순으로 경쟁업체들이 난립할 때 업계는 과다·출혈경쟁으로 인한 침체를 겪는다. 그런데 침체의 깊은 골을 지나는 동안, 기업들의 진짜 실력이 드러난다. 공급 과잉으로 인한 가격 하락으로 불황이 이어지면, 자연스레 구조조정이 이루어지고 강하지 못한 기업은 도태된다. 이렇듯 위기의 골짜기를 건넌 우량기업은 이전보다 더 강한 체질을 갖게 되고, 경쟁에서 이김으로써 독점적 지위를 구가하게 된다. 한동안 기피 산업으로 불렸던 해운이나 조선업계의 살아남은 1등 기업들이 2020년 후반부터 2021년 초반에 걸쳐 높은 평가를 받게 된 것이 바로 그런 예다. 물론 부실한 기업에게는 위기는 그저 위기일 뿐 기회가 될 수 없다.

자신이 잘 아는 종목과 업종에 투자해서
비교우위를 차지한다면,
누구라도 전문가보다 더 좋은 성과를 얼마든지 거둘 수 있다.

— 피터 린치Peter Lynch

Commandment

03

아는 범위에서
투자하라

경기나 시장을
예측하려 애쓰지 말고
기업에만 집중하라

요즘 '주식 관련 미디어'들이 큰 인기다. 유튜브에 들어가면 주식 투자와 관련된 콘텐츠들이 매우 많다. 나만 해도 여기저기 출연이나 강연 요청이 많이 쇄도해, 확실히 이전과는 다른 주식투자 열기를 실감하고 있다. 그런데 여러 사람들의 얘기를 듣고 나면 오히려 더 혼란스러워진다. 시장을 바라보는 관점, 투자에 대한 철학, 주식시장에 대한 예측이 말하는 사람마다 각기 다르기 때문이다. 많이 알면 더 확신할 수 있어야 하는데, 알면 알수록 더 모르게 되기도 한다. 게다가 용어와 개념은 얼마나 많은가. 거시경제 지표, 주식투자 전문용어, 개념을 익히는 데도 시간이 많이 걸린다.

나는 이 대부분이 '주식투자로 성공하는 것'과는 거의 무관하다고 생각한다. 특히 시장의 흐름을 읽으려 노력하는 것은 투자한 기업의 주가를 예측하는 데 별로 도움이 안 된다. 물론 기업은 외생변수의 영향을 받는다. 지수가 하락할 때는 좋은 기업의 주가도 흔들린다. 문제는 거시경제 외생변수는 개인이 예측하거나 대처할 수 없는 요소라는 점이다. 그런 것은 기업이 극복할 문제다. 시장의 흐름에 일희일비하며 예측하려 노력하지 말고, 나를 대신해 시장을 이겨줄 기업을 찾는 데 집중하는 편이 더 효율적이다.

위험(risk)은 체계적 위험과 비체계적 위험으로 나뉜다. 체계적 위험이란 시장의 변동에 의해 생겨나는 위험이다. 경기 흐름, 금리, 환율 등은 아무리 대처하려 해도 예측하기 쉽지 않다. 반대로 비체계적 위험은 개별 기업의 특성에 따라 생겨나는 위험이다. 기업을 공부하고 잘 분석함으로써 대처할 수 있고 예측하기도 비교적 용이하다. 체계적 위험, 즉 시장의 위험 요인으로 인해 개별 기업의 가치와는 무관하게 주가가 떨어진다면, 투자자는 낮은 가격에 매수할 수 있으니 오히려 감사해야 할 일이다.

투자자는 두루 많이 아는 게 중요하지 않다. 오히려 수많은 소음으로부터 진짜 진실을 뽑아낼 줄 알아야 한다. 투자자가 진짜 해야 할 일은 돈을 잘 벌어줄 믿을 만한 기업을 찾는 것이다. 다른 정보들은 잡음이다. 좋은 투자자가 되기 위해선 남들이 말하는 대로 세상을 해석하면 안 된다. 자기 눈으로 세상을 바라보고 투자할 기업을 골라내야 한다. 그렇게 고른 기업을 열심히 공부하고 저점에 매수해서 수익을 올리는 자신만의 '성공 경험'이 축적되어야 한다. 그러고 나면 전문가들의 다양한 견해는 참고사항일 뿐 절대적 판단기준이 될 수 없다는 것을 알게 된다.

나 역시 수많은 사람들에게 견해를 자주 묻는다. 주식투자를 열심히 하는 사람, 증권사 애널리스트, 전문 트레이더에게도 의견을 묻는다. 그러나 언제나 최종 결정은 내가 한다. 확신이 들 때까지 충분히 공부하고 물어보고, 그것을 바탕으로 끈질기게 생각한 끝에 비로소 판단을 내린다. 판단의 결과에 대해서도 온전히 내가 책임진다.

그래서 투자 결정을 내리기까지, '생각의 밑바닥'까지 닿도록 아주 많은 생각을 한다. 생각에 부합하는 자료도 보고, 생각을 반박하는 자료도 찾아본다. 내 생각이 맞을 경우와 잘못됐을 경우 최대 수익과 최대 손실도 파악해본다. 생각이 계속 밀려오는 통에 잠을 제대로 자지 못할 때가 많다. 설핏 잠이 들었다가도 다시 일어나 컴퓨터를 켜고 자료를 검색한다. 끝까지 생각하는 습관을 들이면 이런 부작용이 있다. 뭔가 찜찜한 게 남아 있으면 참지를 못한다. 하지만 그렇게 생각하고 공부하는 습관 덕에 부자가 되었으니, 불면(不眠) 정도는 성공에 따라온 성가신 부록으로 받아들여야 할까 싶다.

투자하기 전에
반드시 해야 할 질문

영화 '살인의 추억'을 과학수사의 눈으로 보면 속 터지는 장면들이 숱하게 나온다. 현장통제가 제대로 되지 않아 범인의 족적을 잃어버리거나 DNA 검사 장비조차 없어 미국까지 샘플을 보내 한없이 기다린다. 무엇보다 실소를 자아내는 것은 주술에 가까운 형사들의 범인 추적 과정이다. 반면 뛰어난 형사나 프로파일러는 어떻게 할까? 우선 사건 현장에서 아무런 선입견 없이 증거를 수집하고 과학적 방법론을 동원해 면밀히 분석한다. 사건의 타임라인을 파악해서 관련자를 심문하고, 그 과정을 통해 드러난 사실을 바탕으로 용의선상의 인물을 압축해나간다. 이렇듯 축적한 증거, 자료, 목격자와 관련자들의 진술을 종합해 전체적인 사건의 스토리라인을 완성한다. 그것에서 벗어난 진술이나 행적을 가진 사람을 집중적으로 파헤쳐서 모순을 찾아내고 범행을 입증한다.

뛰어난 투자자는 유능한 프로파일러와도 같다. 집요함으로 투자할 기업을 고른다. 반면 비과학적 투자자는 주가가 오르는 기업에만 이끌린다. 주가가 계속 오르는 회사에 잠깐 동승해서 얼마든지 수익을 낼 수 있다고 생각한다. 그런데 막상 어떻게 되던가? 이상하게 내가 사고 난 후부터 주가가 슬슬 내려간다. 그 결과 어느새 원치 않는 장기투자자가 되어버리고 만다.

당신도 그런 경험이 있다면 이제 원칙으로 돌아와야 할 때다. 투자할 기업을 선정할 때 해야 할 핵심 질문 몇 가지를 짚어보면서, 기업 공부에서 주안점으로 삼아야 할 것에 대해 살펴보자. 첫 3가지 질문은 '기업의 기초 체력'과 관련이 있다.

질문 ① 기업이 속한 산업의 향후 전망은 어떠한가?

아무리 경영자가 수완이 좋고 직원들이 단합된다 해도, 업종 자체가 사양길에 접어들고 있다면 투자하기 좋은 기업이라고 할 수 없다. 한국에는 수출 의존도가 높은 기업이 많으니, 세계적 동향도 살펴야 한다. 5년 정도 전망이라면 너무 짧지도 않고 예측이 불가능할 만큼 너무 길지도 않아 적당하다. 경기 흐름에 민감한 시클리컬(cyclical) 기업의 경우 성장기에서 정체기로 갔다가 다시금 성장기로 올라갈 수 있는 주기가 5년 정도다.

산업의 현황을 가장 잘 파악할 수 있는 사람은 누구보다 해당

업계 종사자들이다. 전문가의 견해도 참고할 만하다. 다만 그들의 판단은 절대적인 것이 아니므로, 자기만의 필터로 걸러내야 한다. 나는 대체로 애널리스트들의 산업 리포트를 신뢰하는 편인데, 종목 리포트와 달리 업황을 비교적 객관적으로 서술하는 경우가 많기 때문이다.

국내 증권사의 종목 리포트는 외국 회사와 달리 '매도' 의견을 내지 않는 게 불문율이다. 그러므로 리포트가 거의 나오지 않는 종목은 사실상 매도 의견이라고 보아야 한다. 산업 리포트도 마찬가지다. 특정 업종의 리포트가 거의 나오지 않는다는 것은 대다수 애널리스트들이 해당 업종의 전망을 어둡게 보고 있다는 의미다.

업종 관련 뉴스도 빼놓지 말고 섭렵해야 한다. 내가 처음 투자를 시작했을 때에 비하면, 요즘은 자료를 구하기가 매우 쉬워졌다. 인터넷에 검색어만 입력하면 다양한 자료들이 쏟아져 나온다. 그러나 모든 데이터에는 의도가 있다. 침체되거나 전망이 좋지 않은 산업이나 종목도 장밋빛으로 포장된다. 그러므로 주장 너머의 숫자와 정확한 백 데이터(back data)를 바탕으로 판단해보아야 한다.

질문 ② 비즈니스 모델이 명확한가?

비즈니스 모델이 단순하고 명료해야 한다. 누구에게든 그 기업이 돈 버는 법을 한 문장 이내로 간단히 설명할 수 있으면 좋다. 같은 업종이라도 돈 버는 방식은 다를 수 있다. 일례로 정수기를 판매하는 기업이 있다면, 일회성 판매도 있고 렌탈로 판매하고 주기적으로 관리를 해주는 비즈니스 모델도 있다. 그 특징에 따라 매월, 매년 들어오는 현금 흐름을 예상할 수 있으며, 어느 쪽이 더 돈 벌기 유리한 모델인지 판단할 수 있다.

비즈니스 모델에는 자회사 구조도 포함된다. 우리나라 기업들은 대주주의 기업 지배력을 강화하기 위해 복잡한 지분 관계를 구성한다. 이런 경우 기업을 파악하는 데 어려움이 따른다. 자회사로 기업의 이익이 빠져나갈 수도 있고, 한 곳이 어려워져서 도미노처럼 다른 곳까지 무너질 수도 있다.

명확한 비즈니스 모델을 가진 업종 내 1등 기업이라고 해서 무조건 투자 대상으로서 합격점을 주어선 안 된다. 무엇을 무기로 1등이 될 수 있었는지 파악하는 것이 우선이다. 기술력일 수도 있고 영업력, 브랜드 인지도일 수도 있다. 1등의 지위를 유지하기 위해 어떤 노력을 하는지도 분석해야 한다. 기술 개발을 활발히 하고 있는지, 영업망 확충이나 새로운 형태의 판매 모델을 시도하는지, 직원 복리후생이나 교육훈련 수준은 어떤지…. 1위라는 데 안주해 아무런 노력도 하고 있지 않다면 금세 따라 잡히고 말 것이다.

질문 ③ 재무구조가 안정적이고 심플한가?

요즘은 네이버에만 검색해도 기업의 3년 치 재무 현황, 배당수익률, PER(주가수익비율), EPS(Earning Per Share, 주당순이익), BPS(Book-value Per Share, 주당순자산가치) 등이 보기 좋게 정리되어 나온다. 그런데 이것만으로는 조금 부족하다. 일례로 PBR(주가순자산비율)이 낮다고 해서 무조건 저평가된 알짜 회사일 순 없다. 자산이 무엇인지 알아야 정확히 평가할 수 있다. 회사의 재무구조를 제대로 파악하려면, 금융감독원 전자공시시스템(dart.fss.or.kr)에 공시되어 있는 사업보고서를 꼭 탐독해야 한다. 나는 10년 치 사업보고서와 감사보고서는 반드시 파악한다. 기업이 살아온 이력과 향후 행보를 보여주기에 필수적으로 읽어봐야 한다. 어려울 것이라는 선입견과 달리 실제로 읽어보면 쉽고 재밌다. 그리고 사업보고서에 포함되어 있는 재무제표도 10년 치 정도를 살펴보면 그것만으로도 회사의 변화 과정을 유추할 수 있다. 재무 회계 지식이 없다면, 관련 서적 한두 권은 읽고 재무제표에서 파악해야 할 핵심사항이 무엇인지 알아야 한다.

대개 심플하지 못한 재무구조를 가진 기업들은 BW(Bond with Warrant, 신주인수권부 채권), CB(Convertible Bond, 전환사채) 등을 통해 자주 자금 조달을 한다. 낮은 금리로 자금을 확보해 신규 산업에 열심히 투자하기 위한 것이라면 상관없다. 당장 주식가치가 떨어질 수 있어도 장기적으로는 기업 성장에 도움이 되기 때문이다. 그런데 자금 조달은 몇 년 후에는 반드시 이익으로 연결되어야 한다. 이익이 나지 않는데도 계속 자금 조달을 한다는 것은 밑

빠진 독에 물을 부어 생명 연장을 하고 있다는 의미다. 때로는 대주주가 자산 증여나 지분 확보 수단으로 악용하는 경우도 적지 않으므로 유의해야 한다.

다음의 3가지 질문은 기업의 본성이나 성향과 관련이 있는 질문들이다.

질문 ④ 적정한 수준의 배당을 해왔는가?

나는 배당을 매우 중요하게 생각한다. '기업에 투자하고 성과를 나눈다'는 개념에서 가장 중요한 바로미터는 배당이다. 배당을 줄 수 있다는 것은 기업이 꾸준히 이익을 냈다는 긍정적 신호다. 또한 앞으로도 이익을 낼 수 있다는 자신감의 표현이기도 하다. 설령 시장 상황이 좋지 않아서 주가가 떨어져도 배당은 그 시기를 견딜 수 있는 버팀목이 되어준다. 주가가 떨어지면 배당수익률은 오히려 높아지기 때문이다. 무엇보다 배당을 성실히, 매년 소폭이라도 높인다는 것은 주주를 대하는 기업의 태도와 관련이 있다. 이익이 나도 일절 배당을 하지 않는 회사는 주주와 소통할 의지가 없는 것이다. 그런 기업이라면 투자할 의미가 없다. 앞날의 성장을 위해 투자가 필요해서 잠정적으로 배당을 미루는 기업도 있다. 하지만 그런 기업들 역시 어느 시점에는 배당을 해야 한다고 생각한다.

질문 ⑤ 공시를 성실하게 하는가?

갑자기 어느 종목이 상한가를 친다. 투자자들은 갑자기 그 회사에 무슨 일이 있나 싶어서 내용을 확인한다. 그런데 상승할 아무 이유가 없다. 소위 재료가 없는 상승이다. 심지어 적자를 지속해 온 회사에 신규 수주 같은 소식도 없는데 상승이 상승을 불러 며칠 동안 이어지기도 한다. 그 후에 대뜸 '주가급등 사유 없음'이라는 공시가 뜬다. 작전세력의 농간이었던 것이다.

주가 부양을 위한 허위 공시도 심심치 않게 나온다. 주가가 한참 오르고 난 뒤에 '죄송합니다. 계약이 무산됐습니다.' 하는 공시가 나온다. 대개 대주주와 관련자들이 주가를 올려 부당 이익을 취하기 위한 수단으로 공시를 활용한 것이다. 최악 중의 최악이다. 대주주나 관련자들이 금융감독원 수사를 받고 형사 처벌을 받을지 몰라도, 투자자들은 피 같은 돈을 돌려받을 길이 없다. 그러므로 실적이 부실한 기업이 수주 계약 등 호재가 될 만한 공시를 자주 한다면 의심의 시선으로 보아야 한다. 공시를 허위로 하는 기업이라면 당연히 낙제점이다.

질문 ⑥ 경영자가 누구인가?

경영자는 기업의 꽃이다. 누가 경영하느냐에 따라 다 죽어가던 기업이 살아나기도 하고, 잘나가던 기업이 고꾸라지기도 한다. 경영자에게는 경영에 필요한 기본 능력뿐만 아니라 사명감, 열정, 신념, 절박함, 간절함 등이 두루 필요하다. 이전 회사에서의 경력도 중요하다. 성공의 경험은 또 다른 성공을 불러오기 때문이다.

대주주 경영자이냐 전문경영인이냐에 따라 달라지기도 한다. 흔히 오너 경영자라 불리는 대주주 경영인 체제하의 중소기업 중에서 충실히 이익을 내는데도 주가가 좀처럼 오르지 않고 거래량도 극히 적은 경우가 있다. 이들은 적절한 이익으로 일가가 따뜻하게 지내는 데에만 관심이 있다. 주가가 올라봐야 승계할 때 세금만 많이 낸다. 경영자가 주가 부양에 관심이 없으니 주가가 정체되어 있다. 그러나 이렇게 주가가 정체되어 있던 기업 중에도 배당을 통해 이익 배분을 꾸준히 하면 주가가 꾸준히 상승 곡선을 그리기도 한다. 배당과 안정적인 주가 상승을 원한다면, 이런 기업을 택하는 것도 나쁘지 않다. 반면 전문경영인의 경우 내외부의 압박에 시달린다. 그로 인해 장기적으로 기업에 도움이 되지 않는 무리한 행보를 하기도 한다. 주가 부양 여부가 경영 능력 평가의 기준이 되기도 하기 때문이다. 경우에 따라서는 전문경영인이 대주주 경영인보다 더 낫다. 뛰어난 전문경영인은 기업의 체질 자체를 바꿔놓을 뿐 아니라 매출과 이익을 대폭 성장시킨다.

경영자를 파악하는 가장 손쉬운 방법은 인터뷰 기사나 유튜브에 올라온 인터뷰 영상 등을 보는 것이다. 물론 기사의 경우 대개 광고의 일환이므로 곧이곧대로 해석해선 안 된다. 칭찬 일색의 기사 이면에 담긴 숨은 키워드를 찾아내야 한다. 통찰력이 발휘돼야 할 대목이다. 특히 그 사람이 자주 사용하는 단어가 무엇인지 보면, 캐릭터를 파악할 수 있다. 때로 그 사람이 자주 입에 올리는 단어가 그 사람의 취약점일 수도 있다. 특별한 계기가 없는데 경영자가 자주 기사에 등장한다면 긍정적인 시그널이라 볼 순 없다. 기업설명회나 주총 같은 공식적인 자리에서 경영자가 어떻게 행동하는지를 보는 것도 도움이 된다. 말은 번드르르하게 하지만 직원에게 권위적으로 대하거나 제왕적으로 군림한다면, 솔선수범의 리더라 보기 힘들다. 그런 큰 행사에서 돌발 상황이 생길 때 어떻게 대처하는지 보면 통상적인 정보로는 파악할 수 없는 자질이 드러나기도 한다.

이렇듯 투자할 기업에 대한 '모든 질문'에 대한 해답이 도출되었다면, 이제 마지막 질문이 하나 더 남았다. 질문들에 두루 긍정적인 답이 나왔다고 해서, 모두가 훌륭한 투자 대상인 것은 아니다. 주식투자는 기업과 동행하고 소통하는 행위이기도 하지만 어디까지나 돈을 벌기 위한 투자활동이다. 좋은 기업의 지분을 사되, 나에게 유리한 가격에 사야 한다. 그러므로 투자를 시작하기 전, 최종적인 체크리스트는 '그럼에도 불구하고 저평가되어 있는가?' 하는 것이다.

내가
종목 추천을
꺼리는 이유

사람들이 내게 종목을 추천해달라고 하면 참 난감하다. 내가 투자하기로 결정한 기업은 대체로 외연이 화려하지 않다. 며칠 사이에 상한가를 치며 모두의 주목을 받는 유형은 거의 없다.

게다가 나는 '아는 범위에서만 투자한다'는 원칙을 고수한다. 그러기에 인기 있다는 미국 기업들은 물론이고 바이오, 벤처 기업 등 이른바 수직 상승하는 성장주들은 내 포트폴리오에 담겨 있지 않다.

대개 종목 추천을 원하는 이들은 몇 달 사이 급등할 기업을 찾아달라는 의미다. 내가 투자한 기업들 중에는 그런 회사가 없기 때문에 막상 추천을 해주어도 뒷말이 나온다. "주식 부자가 권하기에 잘 오를 줄 알았더니 몇 달이나 꼼짝도 않는다!" 그러면서 어이없게도 더 잘 오를 다른 주식을 소개해달라며 애프터서비스를 요구하기도 한다.

많은 이들이 손에 땀을 쥐게 하는 핫한 주식의 유혹에 빠진다. 주식투자의 본질이 '매매'라고 여기기 때문이다. 대형 호재나 악재가 있어서 상한가나 하한가를 터치하며 급등락하는 종목, 정치인이나 정치사회적 소재와 연루된 테마 종목, 세력이 개입해서 주가 차트가 미친 듯이 요동치는 종목들에 흔들린다. 또한 많은 이들이 차트 투자의 유혹에 쉽게 빠진다. 가끔 케이블TV 주식 방송을 보면 신기하다는 생각이 든다. '저런 기준으로만 판단해서 주식을 사고판다니 대단하다!' 감탄마저 나온다. 간이 크다고 할까? 나 같으면 저렇게 못 할 텐데, 확신에 차서 말하는 것을 보면 부럽기까지 하다.

물론 투자에 있어 옳고 그름은 없다. 모두가 돈을 벌기 위한 활동이다. 단타 매매, 차트 매매, 스캘핑 매매, 모두 개인의 선택이다. 어느 쪽이 더 우위에 있다고 말하고 싶지는 않다. 다만 불확실하고 단편적인 정보에 기초한 투자법과 상대적으로 정교하고 안정된 투자법이 있다고 생각한다. 차트 투자는 매우 초보적인 방법론이다. 물론 투자에서 차트는 좋은 참고자료다. 이제까지의 주가 흐름을 파악하면 향후 전망의 힌트가 되어준다. 그런데 그 용도는 정확히 거기까지다.

충분히 공부한 다음에 투자해도 늦지 않다. 자신이 투자하는 기업을 잘 모르고 확신이 없으면, 차트, 정보, 테마, 소문 등에 의지하게 된다. 나는 '당신이 잘 아는 기업'부터 시작하라고 조언한다. 잘 안다는 것은 무엇일까? 일상과 밀접하게 맞닿아 있어서 자주 접하는 기업이다. 자신이 몸담은 업종부터 시작해도 된다.

투자할 기업을 깊이 공부하면, 그 기업의 경영자와 견주어도 손색이 없을 정도로 속속들이 알게 된다. 직원이라면 월급쟁이의 시선에서 벗어나서, '투자자의 시선'으로 자기 회사를 돌아볼 기회가 되어준다. 엑스레이처럼 세밀하게도 보고, 인공위성처럼 넓은 시야로도 본다. 기업의 현황과 미래를 동시에 그려본다. 만약 내가 몸담은 업종이나 회사가 쇠락해가고 있다면, 그것을 빼앗아가는 업종이나 기업을 공부 대상으로 삼아도 된다. 우리 회사를 끈질기게 괴롭히는 경쟁 회사는 어디인가? 그들은 무엇을 잘하기에 그렇게 되었는가? 우리 고객들이 떠나고 있다면 무엇 때문인가? 그들은 어디로 옮겨가는가?…. 이렇듯 꼬리에 꼬리를 무는 질문을 던지면서, 한 걸음씩 나아가면 된다.

모르고
투자한 것은
반드시 보복한다

젊은이들이 주식투자에 너무 열을 올린다면서 혀를 끌끌 차는 분들이 있다. 자녀가 주식투자를 시작해 걱정이라고 상담하는 부모들도 있다. 나는 걱정할 필요가 없다고 조언한다. 물론 젊기에 무모하게 투자하는 이들도 많다. 2020년 동학개미운동 와중에 20대 남자들의 투자 성적표가 제일 좋지 않았다고 한다. 단타 거래, 묻지 마 거래, 뇌동매매, 시장 하락에 베팅하는 인버스 매매 등 실패하는 투자의 유형도 다채롭다.

그러나 한 번쯤 주식투자로 실패해보는 경험을 해보는 것도 나쁘지 않다. 실패는 성공의 어머니라고 하지 않던가. 젊었을 때 실패하면 얼마든지 회복할 수 있다. 실패로부터 확실히 배우고 나면, 원칙으로 돌아올 가능성이 더 커진다. 아무것도 안 하는 것보다는 해보고 실패하는 게 백번 낫다. 자기 몸으로 철저히 깨달으면 된다.

나 역시 '모르는 것에는 투자하지 않는다'는 원칙을 실패로부터 배웠다. 대신증권 영업부에 근무하던 시절의 일이다. 고객 자산을 운용하는 업무로도 바쁜데, 갑작스레 업무 대리로 승진해 관리업무까지 떠맡게 됐다. 종목을 추가로 발굴하고 검증할 시간적 여유가 거의 없어졌다. 그러던 차에 자문사 과장으로부터 중소기업 하나를 추천받았다. 컴퓨터 어댑터 등을 만드는 회사였는데, PC 시장이 막 열리던 당시 상황에서 전도가 유망한 기업이라고 했다. 추천만 믿고 덜컥 투자 종목에 편입했다. 그 후로도 계속 관리 업무가 바빠 기업의 면면을 내밀하게 들여다보지 못했다. 주가가 안정적으로 올라가고 있었기에 마음을 놓고 말았다. 그런데 어느 날 갑자기 그 회사가 부도를 맞았다. 그 종목을 많이 편입한 고객 계좌는 큰 손실을 입었다. 나의 투자 역사에서 전무후무한 규모의 손실이었다. 그 일로 나는 큰 교훈을 얻었다. '알지 못하는 기업에는 절대 투자해선 안 된다'는 교훈이다. 내가 투자할 기업은 반드시 현장 방문을 하고 철저히 공부한 후에 선택한다는 원칙도 이때 확고해졌다.

젊은이들은 자본이 많지 않기 때문에 주가가 싼 동전주에 쉽사리 끌린다. 내가 처음 주식투자를 시작했을 무렵만 해도, 거의 모든 종목의 액면가가 5,000원이었다. 그런데 지금은 액면가가 천차만별이어서 주가로 기업가치를 비교하는 것이 의미가 없어졌다. 시가총액 개념으로 보아야 한다. 예를 들어 주가가 8만 원인데 시가총액이 500억 원인 기업이 있고, 주가가 1,000원인데 시가총액이 2,000억 원인 기업이 있다고 하자. 이 경우 8만 원짜리 주식은 비싸고 1,000원짜리 주식은 싸다는 식의 사고를 하기 쉽다. 10만 원으로 8만 원짜리 주식은 1주밖에 사지 못하지만 동전주는 100주나 살 수 있다. 이런 주식에 사람들의 관심이 몰려서 거래량이 늘고 주가가 단기간에 뛰기도 한다. 하지만 이런 논리로 투자한다면 모르고 투자하는 것과 다름없다. 모르고 투자한 것은 필패하게 되어 있다.

잘 몰라서 혹은 돈을 벌어보겠다는 욕심으로 섣부른 투자를 했다가 몇 번 정도 실패하는 것은 괜찮다. 그런 경험을 반면교사 삼아서 이후로는 공부하고 극복하면 된다. 헛되이 돈을 잃은 것이 분해서라도 정말 제대로 해보겠다는 오기가 든다면 좋은 일이다. 제대로 된 가치평가 방법과 투자원칙을 배우고 싶은 마음이 생겨난다면, 실패는 얼마든지 경험할 가치가 있다.

모든 것을 다 취하려 애쓰지 마라, 3개면 충분하다

흔히 증시 격언으로 '계란은 한 바구니에 담지 마라!'라는 말이 있다. 분산투자를 통해 리스크를 줄이는 포트폴리오 이론을 말한다. 2008년 글로벌 금융위기 이후 강해진 패시브(passive) 투자패턴은 고도의 분산 전략을 구사한다. 개별 기업이 아니라 주가나 지수를 추종하거나 업종별 대표 종목에 두루 투자해, 평균적인 수익률을 꾀한다. 이 역시 나쁘다고 할 수 없다. 그런데 함정이 하나 있다. 개별 기업을 잘못 선택한 데 따른 리스크는 상쇄할 수 있으나, 시장 전체가 타격받을 때에는 고스란히 그 위험을 안게 된다. 대개 시장이 좋을 때 진입했다가 나빠지면 빠지는 전략을 취한다. 결국 잦은 거래로 단기 손실을 입거나 수수료 부담이 과해진다. 증권사나 투자회사의 수수료 수입만 올려주는 셈이다. 패시브 자금이 늘어나면, 기업의 성과를 공유하는 주식시장 고유의 강점이 약해진다. 나는 개인적으로 매매로 수익을 올리는 쪽보다 기업에 투자해 성장을 만들어서 열매를 나누는 쪽이 더 성과가 좋다고 생각한다.

계란을 여러 바구니에 나눠 담더라도, 내가 그 하나하나를 잘 모른다면 아무 의미가 없다. 그래서 나는 이렇게 바꾸고 싶다. '계란은 당신이 잘 아는 안전한 바구니에만 담아라!'

잘 모르는 수십 개의 바구니보다 확실히 아는 한두 개의 바구니면 족하다. 들고 다니기도 편하고 수시로 문제점을 체크할 수 있으며 동행하며 공부하기에도 수월하다. 자산규모가 늘어난 이후 나는 80여 개 기업에 투자했다. 코로나 팬데믹 이후로는 50개 정도로 줄였다. 여전히 많은 숫자다. 그러나 나는 전업투자자이며 함께 공부하는 직원도 있고 자산규모도 크다. 분산투자를 하려고 해서가 아니라, 자산규모가 커지면서 자연스레 바구니가 늘어난 것이다.

일반적으로 투자금이 1억 원 정도라면 2~3개, 2,000만~3,000만 원이라면 1~2개 바구니면 적당하다고 본다. 그래야 수익률이 분산되지 않고 집중력도 유지할 수 있다. 길게 투자하면서, 경영자 마인드를 가지고 자신이 투자한 기업과 소통하고 동행할 수 있다. 그러면서 예비로 3~4개 기업을 공부하면 좋다. 새로운 기업을 공부하는 동안 기존에 투자하던 기업에서 미처 몰랐던 문제를 발견할 수도 있다. 그때 가서 또 다른 기업을 골라서 공부하려면 간극이 너무 벌어진다. 미리 준비한다는 마음가짐으로 기회를 항상 주시하면 좋다. 그런데 공부를 하다 보면 자꾸만 다른 기업으로 옮겨 가고 싶은 유혹에 시달릴 수도 있으니 주의해야 한다. 계획에 없던 매매는 하지 않아야 한다. 그러려면 투자하던 기업을 마감하는 목표 매도가와 새롭게 투자를 시작하는 기업의 목표 매수가를 확실히 정해두어야 한다. 그리고 그것에 도달했을 때에만 행동에 옮기는 습관을 들여야 한다.

투자를 해서 어느 정도 수익이 났다면 운용의 묘를 살릴 필요가 있다. 수익금은 안정적인 배당수익률이 보장되는 기업에 투자를 해두고, 원금으로 좀 더 공격적인 투자를 시도할 수도 있다. 나는 주가가 어느 정도 유지되면서 배당을 많이 주는 회사에 많이 투자해두는 편이다. 그런 회사는 '채권형 기업'이다. 주가가 거의 움직이지 않지만 배당수익률이 4~5퍼센트 이상 되기 때문에 은행 이자보다 수익이 높고 안정적이다.

평생 동행할 기업을 찾으면 부와 편안함에 이른다

주식투자는 '동업'의 관점에서 보아야 한다. 평생 동행할 3~4개의 기업을 찾으려면, 그만큼 신중하고 기준이 명확해야 한다. 사업을 하고 있는 누군가와 동업을 하고 싶다면, 계약서에 도장을 찍고 돈을 보내기 전에 무엇을 살펴야 할까? 우선 같이하려는 사업의 전망이 밝은지부터 파악해야 할 것이다. 동업을 한다는 것은 돈을 빌려주고 이자를 받는 대부업이 아니다. 성과가 나면 나누겠지만, 손실이 나도 투자자로서 책임을 져야 한다. 그러므로 무엇으로 돈을 버는지, 확실히 벌고 있는 것은 맞는지, 어떤 위험 요소가 있으며 경영자는 그걸 헤쳐 나갈 능력이 있는지 명확히 알아야 한다.

동업하려는 회사의 재무구조가 투명하며, 돈을 벌었을 때 잘 배분하는지도 중요하다. 주식투자에서 성과 배분은 배당이다. 이상하게도 많은 투자자들이 배당을 대수롭지 않게 여기는 경향이 있다. 그런데 배당은 이익을 내고 있다는 증거이며, 회사가 동업자인 주주를 인정하고 정직하게 나누고자 노력한다는 징표다. 즉 동업자를 선정할 때 배당은 반드시 고려해야 할 요소인 것이다.

보령제약은 오래전부터 투자해온 기업이다. 처음 관심을 갖게 된 것은 김승호 회장이 한국능률협회 주관 '한국의 경영자상'을 받았다는 기사 때문이었다. 제약회사 CEO로서는 첫 수상이었다. 재무제표를 뜯어봤더니 작지만 강한 알짜 기업이라는 판단이 들었다. 매년 배당도 주고 있어 위급한 상황이 닥쳐도 비빌 언덕이 있었다. 1호선 역세권에 1만 평 정도의 연구소 부지를 보유하고 있었는데, 개발을 하게 된다면 이익이 1,000억 원 정도는 나올 것으로 판단했다.

투자를 하기 전에 회사 연구소를 포함해 여러 번 방문을 해보았다. 특히 화장실이나 휴게실을 유심히 관찰해봤다. 잘되는 기업은 그런 곳이 잘 정돈돼 있고 청소 상태가 좋다. 청소하는 분이나 경비를 서는 분들의 표정도 밝다. 직원식당도 빼놓지 않는다. 직원을 홀대하는 기업은 장기적으로 보아 그 결과가 별로 좋지 못하다. 밥을 먹는 직원들의 얼굴표정만 봐도 회사의 미래가 보인다.

본격적으로 투자를 시작하기 전, 경쟁 제약회사 주식도 조금씩 사서 기업을 방문해보았다. 그러면서 슬쩍 보령제약에 대한 견해를 물었다. 경쟁사들 사이에서도 보령제약은 꽤 인정을 받고 있었다. 적이자 동료로부터 나온 평가이기에 꽤 확실한 정보라고 할 수 있었다.

어느 정도 공부를 마치고 2000년부터 보령제약 지분을 매입하기 시작했다. 그런데 2001년 9·11 테러가 터지면서 주가가 20퍼센트 정도 떨어진 1만 1,000원대(@5,000)까지 하락했다. 이때 큰 물량을 매수했다. 테러는 일시적인 요소로 금방 회복될 것이고 2002년에는 이익이 큰 폭으로 늘어날 것으로 보았기 때문이다. 실제 2002년 봄, 실적 기대감이 반영되어 주가는 2만 원대까지 상승했다. 이때에도 나는 추가로 매수했다. 그런데 2001년 순이익이 130억 원에 그쳤다. 증권사들의 예측이었던 170억~180억 원에 크게 못 미치는 수치였다. 주주들이 이탈하면서 주가가 계속 떨어졌다. 심지어 1만 원대까지 떨어지기도 했다. 하지만 나는 지분을 매도하지 않았다.

이유는 회사의 재무제표에서 '미래 가능성'을 보았기 때문이다. 보령제약은 매출이 2002년 이후 매년 1,500억 원 내외를 기록하며 소폭이라도 꾸준히 상승했다. 그런데 이상하게 영업이익이나 순이익이 그에 비례해서 늘지 않았다. 대개 이런 경우는 원가율이 높아 이익구조가 좋지 못하거나 경영자가 편법을 동원해 어디론가 돈을 빼돌린다고 의심할 수 있다. 그런데 보령제약은 아니었다. 이들은 매년 약 300억 원 정도를 연구개발, 홍보, 직원교육에 쓰고 있었다. 나는 이러한 내부투자야말로 결국 성과로 이어질 것이라고 확신했다. 믿고 투자를 지속한 결과 2005년 여름, 주가가 2만 8,000원~3만 3,000원에 이르렀다. 처음 투자를 시작한 지 5년 정도가 지난 시점이었다. 그렇게 해서 나는 드디어 하나의 투자 사이클을 성공적으로 마감할 수 있었다.

그런데 반전이 하나 더 있다. 당시에 나는 이 투자가 큰 성공이라고 생각했다. 그러나 15년이 지난 지금 보령제약의 주가는 2만 원대 전후(@500)다. 당시 액면가로 계산하면 20만 원 내외인 셈이다. 보수적으로 계산해도 15년 만에 6배, 즉 500퍼센트의 수익률(해당 기간의 유·무상증자 및 배당은 제외한 단순한 수치다)을 기록한 것이다.

물론 이 회사의 저력을 높이 평가한 나는 첫 투자 사이클 이후로도 여러 번 성장주기에 투자해서 수익을 거뒀다. 당시 주가 기준으로 20만 원대에도 다시 투자해서 지금도 동행하고 있다. 내가 5년이라는 기간에 걸쳐 투자해서 수익을 거둔 것도 꽤 긴 사이클의 투자였지만, 결론적으로 20년을 그냥 놔뒀으면 그 이상 수익을 올렸을 것이다. 사고파는 쪽보다 성장하는 기업에 장기적으로 투자하는 편이 훨씬 높은 수익을 올릴 수 있다는 것을 증명해주는 사례다. 그래서 주식투자는 어쩌면 '좋은 기업을 안 파는 기술'인지도 모른다. 물론 성장하는 좋은 기업이라는 전제하에서 그렇다.

동업하는 기업의 실력을 인정하면 미래가치를 믿고 기다릴 수 있다. 그것이야말로 가장 행복한 투자다. 이렇듯 평생 동행할 기업이 있다는 것은 매우 기쁜 일이다. 당신도 평생에 걸쳐 동행하면서 소통할 수 있는 기업을 3~4개만 가질 수 있다면, 반드시 부와 평온이 찾아올 것이다.

기업을 분석하고 낱낱이 공부하는 일은 따분하고 고루해 보인다.
심지어 그렇게 포트폴리오를 구성하는 투자자는
지루하고 매력 없다며 손가락질 받는다.
하지만 우린 밤마다 발 뻗고 자고 하루하루 편안하다.
우리 고객들도 그렇다.

— 글렌 그린버그Glenn Greenberg

Commandment

04

투자의 대상은
기업이다

세계 최고의 부자들, 부를 창조하는 주인공은 누구인가?

2021년 3월 〈포브스〉가 발표한 세계 부자 순위를 살펴보자. 세계를 호령하는 최고의 부자들, 그들은 대체 누구인가?

1위 제프 베조스 아마존닷컴 회장, 2위 일론 머스크 테슬라 CEO, 3위 베르나르 아르노 LVMH 회장, 4위 빌 게이츠 마이크로소프트 창업주 및 기술고문, 5위 마크 저커버그 페이스북 CEO, 6위 워런 버핏 버크셔 해서웨이 회장 순이다. 7위 래리 엘리슨 오라클 CEO, 8, 9위에 나란히 이름을 올린 래리 페이지와 세르게이 브린 구글 창업주….

더 호명하면 입만 아프다. 거의 대부분 기업가들이다. 100위권 밖에나 드문드문 부동산 갑부, 연예인, 운동선수, 영화감독 등이 있을 뿐이다. 세계 최고의 부자들은 모두 기업의 창업자와 경영자들이다. 이들의 재산은 대부분 현금이 아니다. 기업의 지분이다. 그래서 주가의 등락에 따라 하루 사이에 몇조의 자산이 불어났느니 증발했느니 하는 기사가 나오는 것이다.

6위에 이름을 올린 워런 버핏은 여러 역량 있는 기업을 인수하고 지분을 소유함으로써 부자가 되었다는 점에서 본질적으로 다르지 않다. 그 역시 투자자인 동시에 투자회사인 버크셔 해서웨이를 경영하는 기업가다. 우리나라의 경우 서정진 셀트리온 회장이 145위, 이재용 삼성전자 부회장이 297위에 올랐다.

작고한 삼성전자 이건희 회장은 병상에 있었던 2020년 초, 2019년 회계연도 배당금으로 3,538억 원을 수령했다. 2010년부터 10년간 받은 누적 배당금은 1조 4,000억 원이 넘는다. 이 전 회장은 삼성전자 보통주의 4.18퍼센트, 우선주의 0.08퍼센트를 보유했다.

그런데 삼성전자의 외국인 지분율이 얼마일까? 2021년 8월 기준 약 52퍼센트에 달한다. 말 그대로 외국인들이 삼성전자의 절반 이상을 소유하고 있는 것이다. 이들이 2020년 회계연도 결산으로 받아 간 배당금은 약 7.6조 원에 달한다. 받은 배당금을 한꺼번에 본국으로 가져간다고 하면 환율이 들썩일 것을 걱정해야 할 정도였다. 역대 삼성전자의 한국인 개인투자자 비율은 10퍼센트 미만에 머물렀다. 최근 들어 변화의 조짐이 보이기는 한다. 한국

예탁결제원에 따르면 2020년 말 개인의 삼성전자 지분율은 6.48퍼센트였지만, 2021년 적극적인 개인들의 매수로 13.08퍼센트를 기록했다. 이전보다는 많이 늘었다지만 여전히 적은 수준이다.

우리나라에서 돈을 제일 잘 버는 기업에서 종업원들이 피땀 흘려가며 열심히 일한다. 전 국민이 가전에서 휴대전화까지 사줘가며 열심히 성장시켰다. 그런데 그 과실의 반 이상을 외국인들이 수확해간다. 이 얼마나 억울한 일인가? 가계소득은 거의 그대로인데, 삼성전자 같은 1등 기업은 꾸준히 성장한다. 오로지 기업만이 많은 돈을 벌고 그들에게 세계의 부가 집중된다. 부가 집중된 곳에서 새로운 시장에 대한 투자 기회가 나오고, 그렇게 투자한 곳에서 또 이익이 생겨난다. 그러니 점점 더 부자가 되는 이들과 동행해야 하는 것은 당연한 귀결이 아니겠는가?

Commandment 04

가장 확실한
투자 대상은
기업뿐이다

내가 활발하게 주식투자를 했던 지난 20여 년 중 상당 기간(2010년부터 2020년 팬데믹 이전)은 많은 사람들이 말하는 소위 '박스피'였다. 주가지수가 제자리걸음을 하며 모두가 시장이 나쁘다고 아우성칠 때였다. 사람들 말처럼 박스에 갇힌 장세였는데 나는 어떻게 돈을 벌었을까?

투자의 대상은 지수가 아니다. 투자의 대상은 기업이다. 이 사실을 망각한 채 오로지 지수만을 좇아 시장에 들어왔다 나갔다 하는 사람들을 보면 속이 상한다. 주식투자로 성공하려면 주가지수가 낮을 때든 높을 때든 시장에 머물러 있어야 한다. 기회는 언제나 시장 안에 있기 때문이다.

지수가 제자리걸음을 하는 것처럼 보여도, 언제나 호황인 산업과 기업은 있다. 지수란 평균을 말할 뿐, 개별 기업의 성적표는 아니다. 지수가 아닌 개별 기업에 주목해야 하는 이유다. 주식투자의 필요성을 제대로 이해하려면 '돈'이 기업으로 몰리는 현상에 대해 차근차근 생각해보아야 한다.

1997년 이후 한국 경제의 체질이 완전히 달라졌다. 그 이전까지 우리에게도 종신고용이라는 개념이 존재했다. 중산층이 두터워지고 있었고 영세 자영업으로도 온 가족이 충분히 먹고살 수 있었다. 동네에서 구멍가게를 하면서 아이들 대학 공부도 시키고 집도 살 수 있었다. 가계 경제가 충분히 성장하고 있었기 때문이다. 1975년부터 1997년 사이, 기업과 가계의 소득 증가율은 각각 8.2퍼센트와 8.1퍼센트로 큰 차이가 없었다. 기업이 부자 되는 속도만큼 가계도 얼마든지 부자가 될 수 있었던 것이다. 당시에는 성실하고 알뜰하기만 하면 얼마든지 자산을 축적할 수 있었다. 부모는 자녀들에게도 그렇게 살라고 권했다.

그런데 IMF 이후 양상은 매우 달라진다. 2000년부터 2010년까지 기업소득 증가율은 16.5퍼센트에 달한다. 반면 가계소득 증가율은 2.3퍼센트로 완전히 주저앉았다. 가계소득 증가가 물가 인상률도 따라잡지 못하는 형편이다. 가계소득의 성장이 사실상 멈춰선 것이다. 한마디로 말해 기업은 점점 부자가 되고 가계는 점점 가난해지고 있다고 해도 과언이 아니다. 이러한 비율 역전 현상은 OECD 국가 다수에서 일어나는 현상이다. 그러나 대한민국에서는 더욱 가속화되고 있다. 옳고 그름을 떠나서 이것이 엄연히 벌어지고 있는 냉정한 현실이다.

● '기업의 시대'에 살아가는 현실에서 소외되지 않으려면

오로지 기업만 크게 돈을 버는 현실에서, 부자가 되려면 어떻게 해야 할까? 월급만으로도 강남에 아파트를 사고 부자로 살 수 있는 고액연봉자인가? 부모로부터 상속만 받아도 충분할 만큼 집안이 부자인가? 사업으로 돈을 벌 수 있는 기막힌 아이디어와 자본이 있는가? 어느 것 하나라도 '그렇다'고 대답할 수 있다면 주식투자를 하지 않아도 괜찮다. 유행어처럼 어차피 이번 생은 망했(이생망)으니 포기한다고 하면 말릴 도리가 없다.

주식투자는 돈 잘 버는 기업의 주인이 되어 성과를 공유하는 행위다. 국가를 구성하는 3가지 주체, 즉 가계, 기업, 국가 중 유일하게 고성장하는 섹터인 기업에 투자함으로써 그들이 벌어들일 미래가치를 가계의 소득으로 확보하는 것이다. 게다가 큰 비용이 들지도 않는다. 소정의 수수료와 거래세만 내면 얼마든지 기업의 주인이 될 수 있다.

한국은 금융 문맹률이 높다고 말한다. 정치인, 고위 공무원, 교

수, 사회 유력인사들 중에서도 주식투자를 통한 자산 증식이 마치 도박이나 반인륜적 투기라도 되는 것처럼 말하는 이들이 많다. 국가 고위직 후보자의 인사청문회에서 부동산을 여럿 보유하고 있는 것에 대해서는 상대적으로 관대하지만 주식을 갖고 있다고 하면 도끼눈을 뜨고 본다. 독점적 정보나 권력을 이용한 입김으로 큰 차익을 얻지 않았을까 의심한다. 그런데 많은 경우 그들의 주식투자 성적표는 그다지 좋지 못했다. 오히려 손실을 보고 있는 경우가 많다. 사회지도층이나 정책입안자들조차 금융 지식이 일천하니 안타까운 노릇이다. 증권시장의 투자환경을 개선하고 국민들의 원활한 투자활동을 독려해줄 각종 법과 제도가 정비되어야 하는데, 정작 그 일을 해야 할 사람들부터 금융투자 교육이 미진하다. 국회의원들 중에서도 자본시장이나 주식회사제도 개선을 위해 노력하는 사람의 목소리는 아주 낮게 들린다. 그런데 전 국민이 기업에 적극적으로 투자해 수익을 분배받을 수 있다면, 심화되는 양극화 현상도 얼마든지 극복할 수 있다.

만약 많은 이들이 한탄하는 것처럼 대한민국 주식시장이 일개 도박판에 불과하다면, 우리나라를 대표하는 글로벌 기업들의 외국인 지분율이 50퍼센트에 육박하는 것을 어떻게 설명할까? 2020년 11월 기준 주요 기업의 외국인 지분율을 보면 현실은 명확하다. 삼성전자 56.5퍼센트, 네이버 55.9퍼센트, LG화학 42.3퍼센트, 현대차 31.1퍼센트, LG생활건강 45.6퍼센트, 엔씨소프트 48.1퍼센트, SK텔레콤 34.1퍼센트, POSCO 50.9퍼센트, KB 금융 66.3퍼센트…. 외국인이 우리 기업을 실질적으로 소유해가 는 동안, 대주주나 기관을 제외한 일반 국민의 지분 비중은 매우 미약한 수준이다. 기업이 우리 국민을 상대로 영업하고 물건을 팔아 벌어들인 돈을 외국인들이 다 가져가고 있다. 만약 정말로 우리나라 주식시장이 투자자가 손해를 보는 구조라면, 그들이 이 렇듯 지속적으로 투자할 리 만무하지 않은가.

주식투자는 최고의 경영 수업이다

대한민국에는 '대단하다!' 싶을 정도로 경쟁력 있는 기업들이 눈에 많이 띈다. 세계 어디에 내놓아도 손색이 없는 자랑스러운 기업들이 많다. 오늘날까지 기업들이 걸어온 과정을 하나하나 되짚어보면 존경스러운 면이 많다. 위기를 맞았으나 굳건히 이겨냈고, 쇠퇴의 길로 가는가 싶었는데 과감한 시도로 새로운 활로를 찾아왔다. 해외에 가보면 곳곳에 대한민국 기업들의 투지가 서려 있다.

매년 조 단위의 이익을 넘보는 기업들이 즐비하다. 그런데 만약 당신이 그 기업에 찾아가서 "당신들 참 잘하고 있군요. 오늘부터 동업합시다!" 하면 받아주겠는가? 하다못해 그런 기업에 부품이나 원료를 납품하기조차 힘들 것이다. 그런데 그런 기업들과 아주 손쉽게 동업을 할 수 있는 방법이 있다. 바로 그 회사의 주식을 사는 것이다.

나는 강연을 할 때 청중에게 자주 묻는다. "삼성전자는 누구의 기업입니까?" 돌아오는 답은 한결같다. 이건희 회장 생전에는 '이건희 회장 일가의 회사', 지금은 '이재용 부회장 일가의 회사'라고 한다. 현대차는 정몽구 회장이나 정의선 회장 일가의 회사, SK는 최태원 회장 일가의 회사라고 말한다. 그런데 나는 이제 이들 창업주나 2, 3세 경영인들도 하나의 전문경영인으로 봐줘야 한다고 생각한다. '오너'라는 표현은 걸맞지 않다.

삼성전자만 해도 국민연금이 10퍼센트가량 지분을 보유하고 있다. 최근 늘어난 개인투자자의 지분도 꽤 된다. 우리나라 국민이라면 국민연금에 가입되어 있으니 결국 우리 모두는 직간접적으로 삼성전자의 주주인 셈이다. 주주는 기업의 주인이다. 기업이 잘못하면 분개하고 잘하면 칭찬하며 주인의 도리를 다해야 마땅하다. 그런데 우리는 스스로 주인인 줄 모르고 주인으로서 역할과 의무를 다하지 않는다.

나는 10개 기업에 5퍼센트 이상 지분을 소유한 대주주다. 심지어는 1대 주주인 경우도 있다. 그럼에도 대접을 받지 못할 때도 많다. 지배주주 입장에선 껄끄럽고 귀찮은 존재로 느껴질 경우도 있을 것이다. 그러나 나는 기업이 뭐라 하건 주인으로서 나의 권리와 의무를 행사하고자 노력한다. 주주총회에 참석하고 주주제안을 통해 기업을 변화시키기 위해 노력한다. 배당을 늘려서 주주가치를 제고하고 직원들에게 스톡옵션을 줘서 동기부여를 시키라고 귀가 따갑도록 반복해서 제안한다. 기업이 더 잘되기 위해 도움이 될 만한 사업 아이디어도 제시한다. 기업의 홍보 대사가 되어 어떻게든 회사가 잘되도록 여러 면에서 힘쓴다. 당장에는 내 말을 안 듣는 것처럼 보여도, 결국에는 내 제안을 수용한다. 장기적으로 봤을 때 기업에 도움이 되는 일임을 나중에라도 깨닫기 때문이다. 투자하면서 그런 변화를 많이 목격했다. 기업의 주인으로서 참 보람찬 경험이다.

'객(客)'이 아니라
'주인'으로 사는 인생

나는 주식투자 얘기를 하면서 자신의 일상을 가만히 관찰해보라는 말을 자주 한다. 삼성 휴대전화의 알람에 맞춰 일어나서 CJ제일제당이 만든 간편식을 먹고 현대차를 몰고 회사로 출근한다. 더존비즈온이 만든 사내 인트라넷을 이용해 업무를 보고 직원들끼리 카카오톡과 카카오페이로 점심 먹을 식당을 고르고 비용을 나눠 낸다. SK텔레콤에서 날아온 휴대전화 요금청구서를 받아들곤 '왜 이렇게 비싼 거야?' 하고 불평을 늘어놓지만, 다음 달에도 어김없이 당신은 돈을 지불할 것이다.

당신의 모든 일상에 기업이 있다. 그리고 그들은 당신의 지갑에서 돈을 빼간다. 그렇게 당신이 매일, 매월, 매년 지불하는 돈을 합법적으로 다시 가져올 방법이 있는데 왜 그렇게 하지 않는가? 주식투자를 하지 않는 것은 평생 월급만 받는 '종업원'으로 살아가는 것과 같다. 주인으로 살 수 있는데 왜 종업원, 호갱, 소작농으로 살려고 하는가? 직장인에서 벗어나면 달라질까? 퇴직을 하고 나면 많은 이들이 울며 겨자 먹기 식으로 식당이나 커피숍, 치킨집, 편의점 사장이 된다. 말이 사장이지 프랜차이즈 본사의 종업원이나 다를 것이 없다. 인건비도 안 되는 돈을 벌기 위해 엄청난 액수의 보증금과 시설비를 내야 하니 종업원보다도 못한지도 모른다. 그들 중 많은 수(1년 이내 폐업률 37퍼센트)가 1년 이내에 전업하거나 폐업한다.

창업을 하지 않아도, 심지어 지금 다니는 회사에 멀쩡히 다니면서도 기업의 주인이 될 수 있다. 대상도 얼마든지 입맛에 따라 고를 수 있다. 식품 회사, 자동차 회사, 정유 회사, 통신 회사, 새롭게 부상하는 IT 회사의 주인이 될 수도 있다. 이 업종에서 저 업종으로 옮겨갈 때에는 눈물의 폐업을 하지 않아도 된다. 약간의 수수료와 거래세만 부담하고 기존에 투자하던 지분을 팔고 다른 더 좋은 기업으로 옮기면 그만이다. 이렇게 쉬운 주인노릇이 또 어디 있겠는가?

회사의 종업원으로 일하다 보면 정당한 대가를 받지 못한다는 느낌을 받을 때가 많을 것이다. 기업이 지출하는 비용 중 인건비는 극히 일부에 불과하다. 대체로 매출액의 10퍼센트를 넘지 않는다. 업종에 따라서는 매출액의 50퍼센트를 이익으로 가져가는 기업도 있다. 일을 한 종업원이 아니라 자본을 댄 주주들이 그 돈을 가져간다. 열심히 일한 종업원으로서는 억울할 만도 하다. 매출의 극히 일부만 보상받으면서 제대로 된 권리행사도 하지 못한다. 그러니 조금이라도 더 이익을 공유하고 싶다면, 회사의 주주가 되어야 한다. 더러운 자본시장이라는 생각이 들어도 어쩔 수 없다. 이것이 자본시장의 메커니즘이다. 월급만 받는 월급쟁이에 머무르지 말고 수익을 분배받는 자본가가 되어야 한다. 종속된 삶에는 자유가 없다. 그러므로 어떻게든 주인이 되는 삶을 살기 위해 노력해야 한다.

● **돈에도 계급이 있다는 것을 아는가?**

한 개인이 쓸 수 있는 시간과 에너지는 한정되어 있다. 즉 노동력은 누구에게나 한계가 있으며 그것으로 돈을 버는 것에는 제한이 있다. 그러나 자본은 다르다. 자본은 한계도 없고 시간이나 공간적 제약을 받지도 않는다. 따라서 얼마든지 당신 대신 일을 해낸다. 자본은 당신이 고용한 일꾼인 셈이다. 그리고 자본에도 계급이 있다. 즉 당신이 가진 자산은 수익성에 따라 그 계급이 나뉜다.

자금은닉을 꾀하는 범죄자가 아닌 이상 돈을 금고에만 보관하는 사람은 거의 없을 것이다. 만약 그렇다면 그 자산은 뒷걸음질 치는 자본, 카스트 중에서도 불가촉천민쯤 되는 최하 등급이다. 금고를 열 때마다 뿌듯한 마음은 들겠지만, 아무런 부가가치를 창출하지 못한다는 점에서 그 돈은 사실상 점점 줄어들고 있는 것이나 다름없다.

은행 적금 통장에 있는 예금은 그나마 조금 낫다. 간신히 천민 신세를 벗어났다. 요즘 같은 저금리 시대에는 물가상승률보다 은행 적금 금리가 더 낮다. 매우 안정적이라는 것 외에는 아무런 이점이 없다. 일꾼으로 치면 일도 대충 하고 가만히 앉아서 꾸벅꾸벅 졸고 있는 게으름뱅이다.

보험은 어떨까? 요즘에는 지인들의 부탁으로 보험을 많이 들게 된다. 그런데 그 구조를 들여다보면 사업비를 너무 많이 떼는 데다 실제 보장을 받아야 할 상황이 되면 면책조항을 들어 책임을 회피하는 경우가 많다. 우리나라처럼 의료보험, 국민연금 등 최소한의 사회보장 체계가 잘 갖춰진 상황에서, 고비용의 보험을 중복 가입하는 것은 불필요하다. 아무리 질병에 많이 걸리고 사고가 많이 난다고 해도 들어간 비용만큼 보상을 받는 경우는 드물다. 갱신 때마다 보험료가 대폭 인상되고 해지환급금은 거의 없어서 중도 해약 때의 손실이 너무 크다. 일꾼으로 비유하면 정말 급한 일이 생겼을 때에만 겨우 도움을 줄까 말까 한데, 밥도 많이 먹고 유지비도 많이 드는 보디가드와 같다. 마음이 바뀌어 해고

하려고 하면 위약금까지 물어야 하는 계약관계다.

　안정적으로 수익을 내는 돈만이 중급 이상의 자산이다. 그런 일 잘하는 일꾼을 두어야 풍요롭고 안정된 미래가 가능하다. 돈이 잘 벌릴 곳에 가서 맹렬한 기세로 일하며 정기적으로 수익을 가져다준다. 주식투자는 이런 요건에 가장 잘 들어맞는다. 배당을 통해 주주 환원을 적극적으로 실천하며 안정적으로 성장하는 기업에 투자한 돈은 중급 이상의 퀄리티 높은 자본이다. 그들은 언제나 최전방에서 새로운 시장을 개척한다. 우리 삶을 윤택하고 편리하게 하며 기존에 없던 산업을 일구어 지속적인 성장을 만들어낸다. 1년 365일 하루도 쉬지 않고 일하면서 내가 쉬고 잠자는 동안에도 돈을 벌어다 준다.

　당신의 돈을 어느 일꾼에게 맡겨 어디로 보낼 것인가? 선택은 온전히 당신의 몫이다. 그러니 허투루 결정해선 안 된다. 잘 알지 못해서, 남들이 권하니까, 좋다고 하니까 등의 핑계는 통하지 않는다. 어떤 이유로든 타인에게 내 돈을 굴릴 권한을 넘겨선 안 된다. 라임펀드나 옵티머스펀드 같은 엄청난 손실을 가져온 상품들도 모두 은행 창구에서 늘 보던 믿을 만한 직원의 설명을 듣고 가입한 것이다. '절대 손실 날 일 없는 수익성 높은 상품'이라는 말을 의심 없이 믿었기 때문이다. 스스로 판단하고 결정해 최적의 생산성을 가진 일꾼에게 당신의 돈을 맡겨야 한다.

천석꾼
사냥꾼은 없지만
만석꾼
농부는 있는 이유

주식투자를 한다고 말하면, 얼마나 벌었느냐고 묻는다. 심지어 "주식해서 얼마나 땄어?"라고 묻기도 한다. 도박과 같다고 생각하기 때문이다. 그런데 주변에서 도박으로 돈을 벌었다는 사람을 본 일이 있는가? 한두 번은 벌어도 길게 봐선 다 잃게 되어 있다.

주식투자는 절대 도박이 아니다. 주사위 던지기 같은 승률 게임도 아니며, 다음 사람에게 비싼 값에 팔아넘기는 폭탄 돌리기도 아니다. 도박판을 100번 돌린다고 해서 가치가 생산되는가? 절대 그렇지 않다. 돈은 도박꾼과 도박꾼끼리, 도박꾼과 카지노 사이에서 돌고 돌 뿐, 그 어떤 부가가치도 만들어내지 않는다. 그래서 도박은 누군가가 따면 누군가는 잃는 제로섬(zero-sum) 게임이며, 뺏고 뺏기는 투전판이다.

이와 달리 주식투자를 통해 기업에 자금을 공급하면 어떻게 되는가? 기업은 그 자금으로 기술을 개발하고 시장을 개척하고 상품을 판매해 부가가치를 창출한다. 그렇게 창조된 가치가 기업에 투자한 사람에게 돌아온다. 주가 상승과 배당을 통해서다. 이것이 주식투자가 만들어내는 가치다. 사회를 움직이고 국가를 번영하게 하며 기술진보를 가능하게 하는 원동력인 것이다. 그러므로 주식투자는 서로가 윈윈(win-win)하는 공존의 메커니즘이다.

주식투자를 제로섬 게임, 사고파는 매매 게임으로 보는 이들은 사냥꾼과 같다. 각종 데이터와 분석 자료를 바탕으로 매일 매일 사냥터로 향한다. 그런데 이들에게는 치명적인 약점이 있다. 단기 예측이 적중하지 않아 허탕을 치는 일이 생긴다. 현실의 사냥꾼이라면 허탕으로 끝나지만, 주식시장의 사냥꾼에게 실패는 손실로 이어진다. 잦은 매매로 인해 수수료 지출도 많다. 옛 어른들 말씀에 천석꾼 사냥꾼은 없어도 만석꾼 농부는 있다고 했다. 사냥으로 갑부가 되는 일은 불가능에 가깝다. 나 역시 사냥꾼처럼 투자해본 적이 있었다. 소위 단타도 해보고 파생상품을 비롯해 온갖 기법들을 다 동원해 투자도 해봤다. 그런 내가 왜 '농부처럼 투자하는' 원칙으로 돌아왔을까? 어떻게 이전에 도달할 수 없었던 막대한 수익도 얻을 수 있었을까? 한 번 곰곰이 생각해보기 바란다.

코리아
디스카운트가 끝나고
코리아
프리미엄 시대 온다

지난 수십 년간 한국 주식시장은 '코리아 디스카운트'라는 말을 꼬리표처럼 달고 지냈다. 전날 미국 증시에 따라 요동치고, 유럽 증시, 심지어 장중에는 중국 증시의 등락에도 직격탄을 맞을 만큼 취약하다. 기업들의 수출 의존도가 높기 때문이다. 또한 증시에서 외국인이 차지하는 비중이 높아, 그들의 움직임에 따라 지수가 속절없이 흔들리기도 한다. 그러다 보니 개인투자자들 사이에서는 무조건 외국인을 따라 투자하는 방식도 생겨났다.

한국 기업의 특수한 행태는 증권시장이 활성화되지 못한 원인으로 꼽힌다. 증시에 상장한다는 것에는 '투자해주면 우리가 벌어들인 성과를 적극적으로 공유하겠다'는 무언의 약속이 전제되어 있다. 그런데 많은 지배주주들이 상장사를 개인 소유 사기업처럼 주무른다. 자회사를 만들어 일감 몰아주기를 하고 이를 통해 자녀 승계를 위한 자금을 만든다. 직원 급여는 짜게 주면서 대주주이자 경영자에게 수십억씩 급여를 책정해 편취하기도 한다.

물론 이들의 얘기를 들어보면 볼멘소리도 나온다. 법인세 비율이 높고 상속증여세도 막대하기 때문에, 안정적으로 지분을 승계하기 위해서는 편법이라도 동원하지 않으면 안 된다는 것이다. 돈을 벌어봐야 세금으로 다 나가니 열심히 경영할 동기부여도 되지 않는다고 하소연한다. 길게 보아선 소유와 경영이 분리되는 것이 바람직하지만, 세제 현실화 논의도 원점에서 해야 하지 않을까 생각한다.

불투명한 지배구조는 기업 투자를 저해하는 고질적인 요인으로 작동해왔다. 이제껏 우리나라 기업들은 경제가 고도로 성장하는 환경 속에서 압축성장을 지속하기 위한 고육지책으로 지배주주 중심의 경영을 해왔다. 그러나 앞으로 더욱 활성화될 ESG(Environment, Social, Governance - 환경, 사회, 지배구조) 투자문화 하에서 이러한 행태는 결격사유로 작용한다. 국민연금을 위시로 한 기관투자자들의 스튜어드십 코드(stewardship code), 즉 주주들의 이익과 공익을 위한 적극적 의결권 행사 문화가 일반화되고 행동주의 헤지펀드들도 적극적으로 나서면서 주주자본주의에 입각한 기업 감시가 활발해지고 있다. 여기에 덧붙여 동학개미운동으로 촉발된 주식투자에 대한 전 국민적 관심이 지속되면, 왜곡된 지배구조 문제는 점차 해소되리라 기대한다.

배당성향이 낮은 것도 주식투자 문화를 저해하는 요소 중 하나로 꼽혔다. 한국은 세계적으로 배당성향이 가장 낮은 국가에 속해왔다. 배당성향이란 기업이 벌어들인 순이익 중 배당으로 지급하는 비율을 말한다. 금융 선진국인 미국이나 유럽은 45~50퍼센트에 달하고, 일본이나 중국도 35퍼센트를 넘는다. 하다못해 베트남, 인도네시아, 말레이시아 같은 동남아 국가도 40퍼센트 이상이다. 그런데 한국은 20퍼센트를 겨우 넘는 수준을 오랫동안 유지해왔다. 다행인 것은 2020년도 결산부터 삼성전자의 특별배당 등으로 인해 한국 기업의 배당성향이 50퍼센트에 육박하며 높아졌다는 사실이다. 상속세 이슈로 앞으로도 꾸준히 높은 배당성향을 유지할 것으로 보인다. 다른 기업들 역시 삼성전자의 본보기를 따라서 배당성향을 꾸준히 높이려 노력할 필요가 있다.

배당 문화가 정착되면 여러 면에서 주식시장 활성화에 큰 도움이 된다. 배당수익률(주가 대비 주당배당금 비율)이 평균 4~5퍼센트만 나온다면 뭐 하러 부동산 투자에 올인 하겠는가. 대체로 상가나 오피스텔 임대 수익률은 4퍼센트를 넘기 힘들다. 부동산에는 많은 자본이 투입되고 감가상각이 일어나며 끊임없는 관리 업무도 발생한다. 결국 중산층이 배당금으로 임대수익률 이상의 정기적인 수익을 확보할 수 있게 된다면, 저절로 자산의 대이동

(money move)이 일어나게 될 것이다.

한국 기업 다수가 배당성향이 낮은 이유는 소량의 지분을 가진 특정 지배주주가 기업을 좌지우지하는 지배구조 때문이다. 이 둘은 뫼비우스의 띠처럼 연결되어 있다. 지분이 적으니 배당보다는 급여나 일감 몰아주기 등을 통해 큰돈을 가져가는 게 유리하다. 대주주도 되도록 배당을 통해서 성과를 공유받는 문화가 만들어져야 금융 선진화가 가능해진다.

상장사 시가평가 기준제도도 개선되어야 한다. 대주주는 일부러 시가평가액을 낮추기 위해 배당을 하지 않거나 이익이 덜 나는 것처럼 조정한다. 그렇게 함으로써 상속·증여 때 납부해야 하는 비용을 줄이기 위해 애쓴다. 평가 기준을 순자산가치(net asset value, 총 자산가치에서 부채를 뺀 금액)로 바꾼다면, 이런 편법은 해소될 것이라고 생각한다.

이러한 여러 가지 요인 때문에 PBR(주가순자산비율)이 0.2~0.3밖에 안 되는 기업들이 여전히 많다. PBR이란 시가총액을 순자산으로 나눈 수치를 말하는데, 이 수치가 1 이하라는 것은 시가총액이 기업의 순자산보다도 낮을 정도로 주가가 저평가되어 있다는 의미다. 고질적인 코리아 디스카운트가 해결된다면, 이렇게 저평가되어 있던 기업의 주가는 제 가치를 찾아갈 것이다.

나는 '아는 기업에만 투자한다'는 원칙을 갖고 있다. 그것이 직접 탐방하고 공부해 실체를 파악하기 어려운 해외 기업에는 투자하지 않는 가장 큰 이유다. 내가 국내 기업에만 투자하는 또 다른 이유는 국내 기업이 해외 기업에 비해 너무도 저평가되어 있기 때문이다. 2020년 코로나 팬데믹 이후 유동성이 증가하고 주식투자자들이 늘어나면서 PER이 15배로 올라왔지만 여전히 일본이나 미국의 23배에 비하면 현저히 낮게 평가되어 있다. 아직까지도 코리아 디스카운트는 해소되지 않은 것이다.

주식시장을 활성화하고 기업의 성과를 더 많은 사람들이 나눠 가지려면, 코리아 디스카운트가 적극적으로 개선되어야 한다. 대주주들도 급여를 많이 받아갈 게 아니라 이익에 따른 배당을 대가로 받아야 마땅하다. 경영 성적표에 따라 다른 주주들과 똑같은 방식으로 보상받아야 하는 것이다. 투자하는 국민들이 기업을 금수저로 키워주고, 금수저가 된 기업은 매해 더 많은 이익을 나누기 위해 노력해야 한다. 이런 문화가 만들어진다면 성장의 과실을 나눠 모두가 부자 되는 사회가 가능해진다. 많은 이들이 주식투자를 하면서 눈에 불을 켜고 좋은 기업을 찾아 나선다면, 편법과 사익 편취에 몰두하는 내실 없는 쭉정이 같은 기업은 저절로 걸러질 것이다. 중산층들이 투자를 쉽게 할 수 있는 환경을 만드는 것이야말로, 국가가 할 수 있는 최고의 복지정책이다.

나는 동학개미들에게서 희망을 보았다. 세계가 어떻게 움직이는지 실시간으로 파악할 수 있는 글로벌 세대들이다. 스마트폰을 자유자재로 사용하면서 다양한 미디어를 통해 투자에 필요한 정보와 노하우를 공유하고 공부하는 금융 지식인들이 늘고 있다. 게다가 대한민국은 증권 시스템이 아주 잘 발달되어 있다. HTS(홈 트레이딩 시스템), MTS(모바일 트레이딩 시스템) 등도 한국이 가장 앞서 있다고 한다. 증권사 간의 경쟁이 치열해지면서 수수료 인하나 면제 같은 좋은 조건에 거래할 수 있는 등 여건도 점점 좋아지고 있다.

세계 어디에 내놓아도 자랑스러운 기업들이 많이 있고, 성과를 공유할 수 있는 증권시장도 잘 발달되어 있다. 그런데도 이제껏 외국인과 일부의 기업인들만 그 수혜를 누릴 뿐, 일반 국민들은 공유하지 못했다. 기존 세대가 만들어놓은 '개인투자자는 필패한다'는 엉뚱한 미신이 진입장벽으로 작동해온 것이다. 그런데 이제는 어딜 가더라도 주식투자 얘기가 빠지지 않는다. 증권시장과 주식투자에 대한 인식이 좋아졌고 그 결과 높은 수익을 거두는 성공사례도 늘고 있다. 이러한 성공의 선순환은 더 많은 참여자를 초대하게 될 것이다.

당신이 사는 것이 주식이라는
유가증권이라고 절대 생각하지 마라.
당신이 사는 것은 함께하고 싶은 좋은 사업이다.

– 워런 버핏 Warren Buffett

Commandment

05

주주는 기업의
주인이다

당신에겐
꼭 참석하고 싶은
주주총회가 있는가?

한국에서는 투자를 좀 한다는 이들조차 주총을 대수롭지 않게 여기는 경향이 있다. 어차피 소수주주라서 대접받을 일도 없고 결국 대주주 입맛대로 짜고 치는 판이라 여긴다. 해외의 주총이 기업의 1년 성과를 축하하고 향후 발전 방향을 모색하는 축제, 페스티벌, 토론장인 것과는 다른 모습이다. 우리 주식투자의 현실을 반영한 듯한 주총 풍경에 종종 씁쓸함을 느낀다. 다행히도 최근에는 주총 분위기가 많이 달라지고 있다.

　주주총회는 주식회사의 최고 의사결정 기관이다. 감사보고와 영업보고를 진행하고 재무제표를 승인하며, 이사와 감사를 선임하고 정관을 변경하는 등 주요 의결 사항을 처리한다. 기업에 대한 주주들의 애정과 질책 섞인 제안과 질의가 쏟아진다. 그러니 기업은 맞고 싶지 않은 회초리처럼 여기기도 한다. 잔소리를 듣고 싶어 하는 사람이 누가 있겠나. 전문가가 즐비한 회사가 이미 대비하고 있는 문제에 대해 새삼 훈수받고 싶지 않을 것이다. 예전엔 주총 자리에서 깽판을 치며 돈이나 기념품을 줘야 물러가는 '총회꾼'들이 난장을 벌이는 일도 비일비재했다.

2021년에 열린 삼성전자 주총은 유력 언론들이 앞다퉈 현장을 스케치했다. 엄마 손을 잡고 온 초등생부터 노인들까지, 각양각색의 주주들이 참석해 날카로운 질문과 제안을 던졌다. 바람직한 현상이다. 동학개미들이 주식시장에 새로운 활기를 불어넣었듯, 주주 문화 활성화에도 이바지해주길 바란다.

주총에 가보면 회사가 어떻게 운영되며 경영진이 얼마나 투명하게 움직이는지 한눈에 파악할 수 있다. 잘되는 회사는 주주들의 비판을 겸허히 수용한다. 문제를 솔직히 말하고 개선방향을 모색한다. 반면 안 되는 회사는 감추고 피하려 애쓴다. 주주들의 참석을 막고 최대한 빨리 종결하려 애쓴다. 우호지분을 앞세워 서둘러 필요한 의결만 얻어내려 한다. 대다수 주총이 3월 마지막 주 금요일에 몰려 있다. 주주들의 원활한 참석을 막는 서글픈 담합인 셈이다. 이 역시 개선되어야 한다고 생각한다.

나는 2021년 3월 마지막 주 금요일, A사의 주총에 참석했다. 지분으로 따지면 나는 1대 주주다. 그러나 대표이사, 특수관계인

지분과 자사주를 합산하면 내가 목소리를 낼 여지가 별로 없다. 내 철학에 동감하는 주주도 늘었지만 아직은 미미한 수준이다. 나는 주총 1개월 전 주주제안을 보냈다. 벌써 몇 번째 주주제안인지 모른다. 제안의 내용은 지극히 상식적이다. 첫째, 시장점유율이 축소되는 원인을 규명하고 영업 활성화 전략을 주주들과 함께 기탄없이 토론할 것. 둘째, 장기근속 임직원들의 사기 진작과 주인의식 고취, 동기부여를 위해 스톡옵션 제도를 도입할 것. 셋째, 과도하게 취득한 자사주를 소각해 주주가치를 제고할 것. 넷째, 현금 배당을 늘려서 성과를 주주들과 공유하는 '주식회사의 약속'을 이행할 것. 다섯째, 감사위원회 위원을 분리 선출해 독립성을 확보하고 이사회를 견제하는 본연의 역할을 충실히 할 것.

감사위원으로 믿을 만한 분도 추천했다. 2020년 12월 개정된 상법에 따라 감사위원 중 최소 1명은 다른 이사와 별도로 분리해 선출해야 한다는 규정이 추가되었다. 선출에서 최대주주의 영향력을 최소화하기 위해 마련된 3퍼센트 룰도 적용됐다. 이 룰에 따라 최대주주와 특수관계인들의 의결권이 개인당 3퍼센트로 제한됐다. 그럼에도 불구하고 표 대결에서 내 의견이 관철될 가능성은 별로 없었다. 나를 지지한 주주들의 위임장을 최대한 취합해 참석했지만 그에 미치지 못했기 때문이다. 그러나 제안 자체로 의미가 있다고 생각했다. 제안조차 않는다면 회사는 절대 변하지 않는다. 작고 무모한 시도라도 하지 않는 것보다는 낫다.

나는 주총에서 주주제안 내용을 발표하게 해달라고 정중히 요청했다. 그러나 회사는 이사회에서 주주제안 주총 상정을 부결시켰다. 설상가상으로 이날 주총에는 코로나를 핑계로 직원들조차 일절 참석하지 않았다. 횅한 강당에 현장에 있던 임원 몇 명, 감사, 사측 변호사와 재무 담당 직원 등 최소한의 인원만 나와 있었다. 나는 의장에게 발언권을 요청한 뒤 무거운 걸음으로 발언대로 향했다.

"안녕하십니까. 1대 주주 박영옥 인사드리겠습니다. 2005년부터 이 회사에 투자를 시작했으니 벌써 20년이 다 되어갑니다. 주총이 버크셔 해서웨이가 벌이는 5월의 오마하 축제처럼 열리는 것은 바라지도 않습니다. 소박하더라도 진솔하고 원활한 소통의 장이 되기를 바랍니다. 주주가 없으면 회사 역시 존속할 수 없습니다. 이걸 잊으시면 안 됩니다. 저는 벌써 다섯 번째 발길을 했습니다. 2008년, 2012년, 2017년, 2020년 그리고 올해… 꾸준히 왔습니다. 제안도 하고 소통하려 노력하는 마음으로 매번 참석합니다. 지배주주이자 오너인 대표를 뵐 수 있을까 기대했으나, 오늘도 오시지 않았군요. 이번엔 직원들도 없이 임원 몇 분만 고육지책으로 주총을 하시는 걸 보니 얼마나 괴로울까 짐작이 갑니다. 하지만 녹화도 하고 있으니, 반드시 대표이사에게 보고될 것이라 생각하고 꼭 드리고 싶은 말씀을 전합니다. 이번에도 저는 주주제안을 했습니다. 그동안 수없이 해왔습니다. 누구보다 이 회사를 사랑하고 아끼고 잘 되기를 바라기 때문입니다. 혹자는 이런 기업에 왜 투자를 했느냐, 지분을 팔아버리라고 합니다. 그러나 저는 이 회사의 주인이자 국민의 한 사람, 공동체의 일원으로서 직무를 유기할 수 없습니다. 어렵고 힘들지만 진실한 마음으로 회사가 잘되길 바라며 응원하기에 져버릴 수 없습니다. 오늘 하루 제게는 11개의 주총이 있지만, 굳이 이 자리에 왔습니다.

숱하게 산적해 있는 회사의 과제를 함께 머리를 맞대고 풀고 싶어 누구보다 고민도 정말 많이 합니다. 우리 회사는 자산도 많고 이익 창출을 통한 현금 보유액도 많아졌습니다. 어떤 이유를 들더라도 배당을 통해 성과를 공유하지 않는 것은 상식적이지 않습니다. 업의 본질인 핵심사업을 통해 이 자리까지 왔습니다. 우리나라 1등 기업이었습니다. 그런데 지금은 3위로 밀려났습니다. 안정적으로 원료가 공급되고 판로 역시 얼마든지 새롭게 개척할 수 있습니다. 공장의 설비와 시설이 제가 중학교 졸업하고 공장 다니던 30년 전과 똑같은 수준이어서 서글픈 마음마저 듭니다. 임직원이 없었다면 회사는 존속할 수 없었을 것입니다. 이분들을 귀하게 대접하지 않으면 회사는 발전할 수 없습니다. 저는 주주이지만 임직원 여러분이 하고 싶은 말을 대변하기 위해 이 자리에 섰습니다. 제 주주제안이 이사회 결의로 철회되었는데, 그 결정을 내린 주요 인사 중 단 한 분도 이 자리에 참석하지 않았습니다. 장기근속자들에게는 스톡옵션을 줌으로써 성과를 나누자고 제안했습니다. 회사가 안정적으로 성장했으니 배당 비중을 이익의 30퍼센트 이상으로 올리자, 47퍼센트에 달하는 자사주를 소각함으로써 주주가치를 높여 제대로 평가받는 회사로 만들자고 제안했습니다. 앞으로는 기업도 팬덤(fandom)이 필요해지는 시대입니다. 직원, 고객, 투자자와 공감대를 형성하며 가지 않으면 성장·발전할 수 없는 시대입니다. 폐쇄적인 구조를 고집하며 상장회사를 사기업인 양 운영해선 곤란합니다. 기업의 성과를 공유함으로써 동기부여를 하고 더 많은 이들이 주인으로 동참하게 해야만 기업도 장기적으로 성장할 수 있습니다."

한창 발언을 하고 있는데 참석자 석에서 볼멘소리가 나온다. "바빠 죽겠는데, 거 좀 빨리 끝냅시다!" 짐작하건대 주총을 빨리 끝내도록 분위기를 잡으라는 특명을 받은 모양이다.

"듣기에 지루하시겠지만, 제가 드리는 말씀은 매번 똑같습니다. 변해야 합니다. 변하지 않으면 안 됩니다. 실질적으로 회사를 끌어가는 분들이 아무도 안 나왔습니다. 직원들도 참석시키지 않았습니다. 자랑스럽지 않다는 뜻입니다. 자신이 하는 일에 대한 자부심, 자긍심이 없다는 증거입니다. 잘못되어 있는 걸 안다는 의미입니다. 최소한 상장 기업이라면 주주들에게 경영 현황을 소상히 설명하고 협력을 구해야 합니다. 회사의 주인인 직원들도 두루 참석해서 회사의 오늘과 내일을 허심탄회하게 토론해야 합니다. 쓴소리를 하는 주주들을 자신들의 이익을 침해하는 적대세력으로 여기는 것은 절대 경영에 도움이 되지 않습니다.

제가 돈이 많아서 사치를 부리며 이 회사에 투자하는 게 아닙니다. 배당도 제대로 주지 않고 주주들을 홀대하는 그런 회사 그만 투자하라고 다들 말립니다. 그런데 나는 그렇게 할 수 없습니다. 이 회사는 내 회사이기 때문입니다. 지금 당장은 계란으로 바위 치기처럼 보이겠지만, 나는 이 회사를 변화시키고 싶습니다. 현재의 가치보다 두 배는 족히 평가받을 수 있는 좋은 바탕을 가진, 가능성이 무궁무진한 기업입니다. 안정적으로 원료를 공급받을 수 있고 독보적인 기술력이 있으며 판매처도 안정적입니다. 지금처럼 한정된 거래처에만 목을 매지 말고 다양한 제품 라인업을 확장해 얼마든지 시장을 국내외로 확장시킬 수 있습니다. 저에게는 아이디어도 많습니다. 요청만 하면 얼마든지 컨설팅을 해드릴 수도 있습니다. 기업은 본질가치를 제대로 살려 사업으로 성장하고 확장하지 않으면 존재 의미가 없습니다. 제발 이런 제안에 귀를 기울이고 변화를 위한 걸음을 시작해주시기를 간절히 바라며 발언을 마칩니다. 고맙습니다."

내가 추천한 감사위원 후보자는 표결로 선출이 좌절됐다. 내 발언 이후에도 주주들의 열기 어린 제안이 이어졌지만, 회사는 듣는 둥 마는 둥 서둘러 의결하고 주총을 끝마쳤다. 자동차에 몸을

신고 공장 건물들을 지나쳐 출구로 향하는데, 마침 점심시간을 맞아 직원들이 우르르 쏟아져 나왔다. 그들의 뒷모습을 보면서 나는 다시 한번 속으로 다짐했다. '여러분이 더 좋은 회사에서 일할 수 있도록 주주로서 책임을 다하겠습니다!'

환영받지도 못하는 주주총회에 와서 듣기 싫은 잔소리를 퍼붓는 투자자. A사로서는 번번이 제안을 하고 지분도 팔지 않는 나 같은 투자자가 눈엣가시처럼 여겨질 것이다. 그러나 나는 투자자이자 동시에 회사의 주인이기에 포기하지 않는다. 내년에도 주주제안을 하고 주주총회에 참석할 것이다. 듣지 않으면 들을 때까지 반복할 것이다. 그것이 투자자로서의 내 역할이기 때문이다.

나는 매년 많게는 10개 이상 회사에 주주제안을 해왔다. 내 이익을 위해서가 아니라 회사가 본래 목적에 맞게 건강하게 가도록 제안하는 것이다. 제안 내용은 주로 배당 문제, 기업 지배구조 문제, 직원들의 동기부여를 위한 스톡옵션제도 등이다. 기업이 경쟁력을 높이기 위해 이행했으면 하는 사업 아이템도 제안한다. 많은 경우 경영자들이 내 얘기를 경청한다. 당장에 실천하지 못해도 시간이 흐르면 하나둘 채택해주었다. 나는 이 모든 것이 주주, 즉 기업의 주인으로서의 권리와 의무를 이행하는 것이라고 생각한다. 주식투자는 화초를 기르는 것과 같다. 공을 들여 물을 주고 잡초를 뽑아주고 때로는 약도 치고 거름도 준다. 그렇게 조력해서 회사가 성장하면 그 성과를 나눠 갖기 때문에 소홀히 할 수 없다.

어려울 때,
힘에 부칠 때,
기업을 응원하는 것이
주식투자다

'생활 주변에서' 쉽게 접할 수 있는 기업들부터 공부하면 좋다고 했는데, 그런 관점에서 내가 몇 년 동안 동반해온 기업들이 있다. 휴대용 부탄(정식명칭은 뷰테인이다)캔 제조사인 (주)태양과 대륙제관이다. 우리 가정에서 누구나 부탄가스를 사용한다. 나는 7~8년 전 가족들과 유럽 여행을 갔다가 이들의 제품을 발견했다. 발견이라고 하는 것이 정확할 것이다. 그전에도 늘 사용하던 제품이지만 한 번도 제대로 눈여겨본 적이 없었기 때문이다. 독일, 체코, 스페인, 가는 곳마다 부탄캔 연료를 사용하고 있었는데 모두 국산 제품이었다. 새로운 시야로 이 분야를 보게 됐고 이전에는 눈에 띄지 않던 것이 포착되기 시작했다.

돌아와서 공부해보니 시장 규모는 작지만 국내 기업들이 세계 시장 점유율 90퍼센트를 차지할 정도로 뛰어난 기술력을 자랑하고 있었다. (주)태양은 계열사 승일제관이 1970년대 초에 국내 최초로 일회용 캔 제품 국산화에 성공한 이래, '부탄캔' 외에도 스프레이, 무스 등 '에어졸' 제품을 생산하는 승일, 세안산업, 영일 등 관계사를 거느리며 선두를 유지하고 있었다. "조강지처가 좋더라, 썬연료가 좋더라~!" 하는 광고로 잘 알려져 있기도 했다. 대륙제관은 "안 터져요~!" 하는 CM송과 함께 선보인 맥스 제품으로 태양의 뒤를 바짝 쫓으며 시장점유율을 점차 확대하던 터였다.

소량의 주식을 사두고 공부를 하고 있었는데, 2015년 1월 태양의 천안 공장에서 대규모 화재가 발생했다. 전체 28개 동 중 출하장, 인쇄창, 제품창고 등 8개 동이 전소되고 부탄가스 완제품 등이 불에 타서 완전히 소실됐다. 소방서 추산 19억 6,500만 원의 재산피해로 실질적으로는 100억 원 가까운 피해를 입었다. 생산 차질로 인한 손실은 측정하지 않은 수치다. 다행히 일요일에 화재가 발생해 인명 피해는 없었지만 당분간 생산이 전면 중단되고 생산 라인을 복구하는 데에도 상당한 시일이 소요될 것으로 보였다. 그해 1분기 매출이 30퍼센트 가까이 줄고 순이익도 적자 전환되어 회사는 큰 위기를 맞았다.

작은 규모의 회사에서 그런 큰 화재가 발생해 회복이 어려울까 걱정했는데, 태양은 오히려 위기를 기회로 더 강하게 변신했다.

700억 원 정도 투자금을 들여서 설비를 완전 자동화한 것이다. 회사에 가보았는데, 1분에 300개씩 생산되는 라인이 2개나 증설 되었다. 말이 1분에 300개지 생각해보라. 철판을 잘라 조각하고 재단하고 페인팅 되어 캔 완제품으로 나오는 게 1분에 600개씩 이다. 1시간이면 무려 3만 6,000개가 생산된다. 여기에 부탄가스 를 충전하기만 하면 된다.

2위 회사였던 대륙제관 역시 2006년 2월 화재 사고를 겪었다. 무려 100만 개의 부탄가스통을 보관해둔 포장시설에서 불이 난 것이다. 화재로 인해 공장 시설 200억 원의 손실을 입었고 생산 차질로 인해 수백억 원의 손실을 떠안아야 했다. 하지만 역설적 이게도 이 사고를 계기로 대륙제관은 '터지지 않는' 부탄캔 개발 에 박차를 가하게 되었다.

나는 이 무렵부터 이들 기업의 저력을 확인하고 본격적으로 투 자하기로 결정해, 한때 두 회사의 지분을 각각 10퍼센트 넘게 보 유한 주요주주가 되기도 했다. 두 회사는 경쟁을 통해 서로를 견 제하면서도 함께 세계시장을 개척해나가는 건설적인 라이벌 관 계를 형성하고 있다. 세계의 공장이라 불리는 중국도 이들의 기 술력을 따라오지 못한다. 오히려 국내 제품을 카피한 짝퉁이 기 승을 부릴 지경이다. 휴대용 부탄가스 제품은 앞으로 미국 등 북 미지역의 아웃도어 및 레저 수요 증가에 따라 시장 확대가 기대 된다. 동남아 지역의 인기도 뜨겁다. 이들 나라의 생활수준이 높아지면서, 냄새도 나고 대기오염의 주범으로 꼽히는 고체연료를 휴대용 부탄가스로 대체하려는 수요가 점점 늘고 있다. 나는 두 기업에 장기 투자하면서, 그들이 배당성향을 높이고 기업의 사회적 책임을 다할 수 있도록 조력하는 데 힘쓰고 있다.

오랫동안 동행해온 참좋은여행 역시 어려울 때마다 투자를 늘려온 기업이다. 모두가 기억하고 있듯이 회사는 헝가리 다뉴브 강 유람선 사고로 큰 위기를 맞았다. 참좋은여행은 대리점 영업을 하는 다른 여행사들과 달리 직판 상품만을 판매한다. 대리점 수수료로 나가는 9퍼센트가량의 커미션을 절감해 좋은 여행상품을 저렴한 가격에 제공한다. 그런데 예기치 않은 사고로 주가가 떨어졌다. 나는 그 시기에 주식을 팔기는커녕 오히려 25억 원 정도를 추가로 투자했다. 그리고 회사에 방문도 하고 전화도 걸어 위로하면서, 진심을 담아 신속하게 상황을 해결하도록 신신당부했다. "작은 것이라도 소홀함 없이, 피해자나 유족들이 절대 서운하지 않도록 혼신을 다해 수습하십시오." 그들은 일사불란하고 치밀한 대응으로 아무런 잡음 없이 사고수습을 충실히 해냈다. 사고 자체는 피할 수 없는 불행이었지만, 어떻게 대처하느냐에 따라 얼마든지 다른 결과를 만들어낼 수 있다. 몇몇 미디어에서는 내가 이미 투자해둔 지분이 있어 주가 방어 목적으로 대량 매집을 했다고 공격했다. 하지만 그것은 진실이 아니다. 누가 밑 빠진 독에 물을 붓기를 원하겠는가? 내가 투자한 기업을 믿고 위기를 딛고 이겨낼 것이라고 신뢰했기에, 어려운 시기에 더욱 팔을 걷어붙이고 도운 것이다.

코로나 팬데믹으로 참좋은여행은 또다시 위기를 맞았다. 하지만 회사는 부동산 매각 자금을 기반으로 어려운 시기를 잘 견뎌내고 있다. 해외 특산품 명품 직구 마켓 '참좋은마켓' 런칭, 코로나 끝나면 신혼여행 가고 해외여행 가자는 '희망을 예약하세요' 프로그램 등을 연일 선보이며, 단 한 명의 구조조정도 없이 어려운 시기를 이겨내고 있다. 어려울 때 투자해줄 수 있었던 것은 회사와의 꾸준한 동행과 소통을 통해 신뢰관계를 쌓아왔기 때문이다. 2016년 참좋은여행과 삼천리자전거로부터 받은 감사패가 그것을 증명한다.

한 농부가 척박한 땅에 씨를 뿌렸습니다.
아무도 그 씨앗이 커다란 나무가 되어 튼실한 열매를 맺을 것이라고 예상하지 않았습니다. 농부는 가뭄에도 비바람에도 씨앗을 포기하지 않고 정성스레 돌보았습니다. 참좋은여행은 농부 박영옥 님의 사랑과 믿음 덕분에 여기까지 올 수 있었습니다. 친구가 되어주셔서 감사합니다. 가족이 되어주셔서 감사합니다.
앞으로도 영원히 참좋은여행의 든든한 버팀목이 되어주시길 바랍니다.　　　　　　　　— 훌쩍 커버린 나무, 참좋은여행 직원 일동

2016년 11월 5일 참좋은여행 워크숍에서 강의를 하고 받은 감사패

기업이 어려울 때, 힘에 부칠 때, 응원하는 것이 주식투자의 또다른 묘미다. 어려울 때 응원하면 기업은 위기를 딛고 다시 일어설 수 있으며, 결국에는 성장과 실적으로 보상해준다. 그 보상이 오기 전이라도 투자자로서의 보람과 긍지를 느끼며 얼마든지 기다릴 수 있다.

회사에 대한 믿음이 있어야 어려울 때 투자할 수 있다

지난 2020년 코로나 팬데믹 시기, 많은 국민들이 자본시장에 대한 큰 깨달음과 자각을 얻었다. '위기야말로 기회'라는 새로운 시야가 그것이다. 모두가 공포에 떨 때야말로 더욱 적극적으로 주식투자에 나서야 할 때라는 것을 깨달았다. 과거의 경험을 통해 자본시장의 특성을 간파한 이들이 담대한 선택에 나섰고, 그 결과 큰 수익을 거뒀다. 만약 앞으로 팬데믹 같은 위기상황이 또 생겨난다면, 당신은 어떻게 할 것인가? 있는 자금 없는 자금 다 동원해서 주식시장에 뛰어들지 않겠는가?

그런데 커다란 위기만 있는 게 아니다. 위기는 조정, 주가 폭락, 연일 하락, 자금 이탈, 외국인 철수 같은 단어들을 입고 수시로 찾아온다. 신문지상에 이런 말들이 나올 때가 좋은 기업을 싼값에 살 수 있는 절호의 기회다. 그런데 많은 사람들은 그와 반대로 한다. 주식시장 연일 호황, 신고가 갱신, 주가 랠리 같은 말을 듣고 그제야 주식시장에 뛰어든다.

나는 우리의 삶이 지속되는 한, 심지어 전쟁이 나도 주식투자를 해야 한다고 생각한다. 천재지변으로 전 인류가 멸망하지 않는 한, 대한민국이라는 국가가 완전히 망하지 않는 한, 어떤 상황에서도 기업의 활동은 멈추지 않는다. 건강한 기업이라면 위기가 와도 그것을 극복하고 살아남는다.

흔히 어려울 때는 현금을 확보해서 갖고 있으라고 조언하지만, 나는 정확히 그것과 반대로 해서 성공했다. 시장이 얼어붙을 때, 남들이 다 짐을 싸서 부랴부랴 주식시장을 떠날 때, 그로 인해 일시적 어려움을 겪는 기업에 투자했기 때문에 부자가 된 것이다. '10년 주기설' 등 위기가 올 것이라고 반복적으로 예단하면서, 수시로 주식을 팔고 시장에서 빠져나오라고 부추기는 이들이 있다. 나는 그런 말을 믿지 않는다. 위기일수록 시장에 딱 붙어서 그로 인해 생겨나는 기회를 잡아야 한다. 주식시장 참여자 모두가 불안해한다? 그것이야말로 주식을 매수해야 할 절호의 타이밍이라는 신호다. 반대로 모두가 다 시장을 낙관하며 서로 주식을 사려고 다툴 때는 어느 정도 주가가 올라온 주식을 매도하고 또 다른 저평가된 기업을 찾아야 한다.

이런 기업에는
절대 투자하지 마라

통상 매출에 비해서 이익이 턱없이 적은 기업은 투자 기피 대상 중 하나다. 특히 매출의 상당액을 대주주나 친인척의 급여 명목으로 가져가거나, 본업과 관계없는 수익활동에 과도하게 집중하는 기업은 성장 잠재력이 높지 않을 가능성이 크다. 대주주와 이해관계자들이 단기간에 회사의 이익을 곶감 빼먹듯이 가져가면서 앞으로 어떻게 되든 상관없다는 기업도 있다. 이런 기업의 미래가 밝을 리 없다. 모름지기 기업은 성장의 본질인 기술 개발과 직원들의 역량 강화, 미래를 위한 투자에 매진해야 한다.

재무제표상에 수상쩍은 모습이 포착되는 기업은 무조건 걸러 내야 한다. 특히 지나치게 잦은 유상증자나 CB(전환사채), BW(신

주인수권부 채권) 발행을 통해서 자금을 확보하지만, 돈이 손가락 사이로 모래 빠져나가듯 술술 새나가는 회사에 투자하면 손해보기 십상이다. 실적이 개선되지도 않고 뚜렷이 투자할 명목이 없는데도, 자회사 등 복잡한 구조를 활용해 돈이 빠져나간다. 그런 기업들일수록 숨길 것이 많기 때문에, 소통을 투명하게 하지 않고 자꾸만 회피하려 한다. 내가 '원활한 소통'과 '열린 경영'을 가장 중요한 판단기준으로 꼽는 이유도 여기에 있다.

2004년 무렵 투자를 검토했던 CCTV를 생산하는 H기업이 그런 케이스였다. 범죄율이 높아지고 안전에 대한 필요성이 대두되면서 CCTV 보급률이 기하급수적으로 늘던 시기였다. 몇몇 기업을 공부한 끝에 H를 발견했는데, 내용이 괜찮아 보였다. 유럽으로 매년 1,300억 원 내외 규모로 수출을 하고 있었으니 기술력이나 영업력 모두에서 인정받은 것이라고 보았다. 재무구조도 좋은 편이었다.

나름대로 큰 기대를 안고 주식을 매수했는데, 2년가량 있다가 손절매(손실을 보고 주식을 매도하는 것)를 했다. 수출이 대폭 줄어든 것도 아니고 공장에 불이 나거나 경쟁사에게 추월당한 것도 아니었다. 설령 그런 일이 있더라도 회사의 기본기가 튼튼하고 적극적으로 대응하기만 한다면 얼마든지 극복할 수 있다. 내가 발견한 이 회사의 문제점은 도통 소통이 되지 않는다는 것이었다.

두세 번 회사 방문을 해서 대리급이나 과장급 직원들과는 커뮤

니케이션 할 수 있었다. 그런데 경영자를 만나서 장기적인 기업의 비전이나 전략을 묻고 싶었지만 일절 만나주질 않았다. 주주총회에 가면 만날 수 있을까 했지만, 자기들끼리 얼렁뚱땅 해치우더니 자리를 피해버렸다. 꼭 만나고 싶다고 거듭 요청해도 요지부동이었다.

공장 탐방을 요청해도 보안 핑계를 대며 보여주질 않았다. 무엇보다 임직원의 태도가 매우 불성실하고 무성의했다. 경영자가 만나는 것을 피하고 공장은 비밀스럽게 돌아가는 데다 자금과 관련해 수상쩍은 냄새를 풍기는 자회사가 있는 기업. 그런 기업이라면 믿고 기다릴 만큼 확신을 갖기 어렵다. 그때의 판단은 옳았다. 그 회사의 주가는 지금도 당시 수준에 머물러 있다.

나는 자사만의 독특한 비즈니스 모델이 없이 특정 거대기업에 부품이나 재료를 납품하며 종속되어 있는 기업 역시 투자하기에는 적합하지 않다고 생각한다. 이들은 단기간에 30~50퍼센트씩 성장하지만 나중에는 소리 소문 없이 사라지기 일쑤다. 거대기업 대주주나 관계자들의 호의에 의해 납품 관계가 유지될 때에는 성장하지만, 그 관계가 끊어지면 힘들어진다. 그런 종속관계에서 벗어나기 위해 부단히 기술력을 키우거나 고객사를 다각화해야 하지만, 많은 기업들이 그렇게 하지 못한다. 현재의 갑에게만 충성해도 당분간은 이익이 보장되기 때문이기도 하고, 여러 여건상 그렇게 할 수 없는 경우도 있다. 그러므로 성장하는 자체만 볼 것이 아니라, 어떤 매출 구조를 가졌는지도 정확히 파악해야 한다.

이익에 비해 배당성향이 낮은 기업, 회사 경영이 지나치게 오너의 이익 위주로 돌아가는 기업들도 피해야 한다. 이런 기업들일수록 주가가 저평가되어 있어 사두면 오르지 않을까 기대하기 쉬운데, 조심해야 한다. 기업의 성장 과실을 주주들과 나누지 않는 닫힌 기업들은 오랜 기간 저평가되어 있을 만한 타당한 이유가 있는 것이다.

주식투자 5단계, 오래 잘 버는 투자법은 따로 있다

주식투자에도 단계가 있다. 물론 여기서 단계란 수준을 말하는 것은 아니다. 단계가 올라갈수록 경지가 올라간다는 의미도 아니다. 다만 좀 더 장기적이며 안정적으로 기업의 성과를 공유할 수 있는 방법이 무엇인가 하는 기준으로 나의 경험을 정리한 것이다. 결과적으로 말하면, 사업가 마인드로 투자하는 것이 주식투자의 본질에 비교적 가깝고 나의 농심(農心)투자 철학과도 맞닿아 있다. 흔히 사람들이 최고의 투자법이라고 생각하는 정보 매매야말로 실제로는 가장 낮은 단계의 투자법이다.

주식투자의 가장 낮은 단계(1단계)는 '정보 매매'다. 흔히 말하는 '재료'를 찾아 헤매는 것이다. 물론 세상에 정보는 넘쳐난다.

친구가 '너만 알라'며 귓속말로 건네주는 종목, 유력 정치인이나 이벤트와 연관된 테마주, 확실한 사업 기회라며 잘 차려진 기획안의 모습으로 다가오는 제안 등 정보는 수시로 밀려든다. 이에 더해 방송이나 미디어에 매일 쏟아지는 '지금 바로 투자하라'고 부추기는 추천 정보, 금융투자회사들이 써내는 업종과 종목 리포트…. 심지어 월 수백만 원의 가입비를 받으면서 단기간에 몇백 퍼센트 오를 종목을 족집게처럼 알려준다는 리딩방에 이르기까지, 우리가 접할 수 있는 정보는 수없이 많다.

증권사 리포트나 언론 보도 등 상대적으로 신뢰할 만한 정보는 투자 결정에 힌트가 되어준다. 하지만 그 정보 역시 완전히 객관적일 수 없다는 걸 감안해야 한다. 하물며 '단기간에 큰돈을 벌게 해준다'는 솔깃한 정보는 정말 믿을 수 있을까? 당신에게까지 그 정보가 왔다는 것은 이미 비밀로서의 가치를 상실했다는 뜻이 아닐까? 정보 매매는 주식투자를 처음 시작하는 사람들이 솔깃해하기 쉽다. 하지만 거의 대부분은 성공하지 못한다. 연예인이나 스포츠 선수들이 처음에는 주식투자에 성공하는 듯 보이다가도 끝끝내 많은 돈을 잃게 되는 것은 그들에게 이런 정보 매매의 유혹이 많이 들어오기 때문이다.

그보다 조금 나은 단계(2단계)는 '차트 분석'이다. 기술적인 매매에 치중하는 투자 방법이다. 거래량, 주가 흐름, 차트의 모양과 추이 등을 보고 미래의 주가를 예측하는 기법이다. 기술적 지표를 신봉하는 이들은 주가나 거래량의 흐름을 분석하면 미래의 주가를 알 수 있다고 한다. 그러나 대부분 후행적인 분석일 뿐이다. 차트 매매로 수십억 원을 벌었다는 사람을 종종 접한다. 내가 자본시장에 몸담은 지 30년이 되었지만, 그렇게 해서 오래도록 좋은 성적표를 유지하는 경우를 별로 보지 못했다. 차트 분석만으로 얼마든지 돈을 벌 수 있다면, 세상에는 이미 부자들이 넘쳐날 것이다. 차트는 참고는 될 수 있을지언정 절대적 판단기준은 될 수 없다.

3단계는 '정량적 분석'에 근거한 투자다. 이는 가치투자의 가장 기초적인 단계라 할 수 있다. 기업이 얼마나 돈을 잘 버는지, 자산을 얼마나 많이 보유하고 있는지, 현재의 주가가 어느 정도(고평가, 저평가)인지 파악해 투자를 결정하는 기법이다. EPS(주당순이익), PER(주가수익비율), ROE(Return on Equity, 자기자본이익률), 부동산이나 종속회사 지분, 특허나 기술력 등 자산가치 등을 면밀하게 검토해 투자한다. 앞의 두 단계에 비하면 진일보한 투자법이라고 하겠지만, 이 역시 투자의 '기본' 정도다. 이 단계를 빼놓아서는 안 되지만, 여기에서 멈춰서도 곤란하다.

4단계는 '트렌드 분석'을 통해 미래 유망 분야를 발굴하는 투자 방법론이다. 세상의 흐름, 기술의 발전 추이, 미래에 부상할 산업과 업종 등을 파악함으로써 장차 유망한 기업을 골라내는 방법이다. 빅데이터 등 과학적 기법도 동원된다. 트렌드 분석은 산업의 거대한 흐름 속에서 유망한 기업을 찾는다는 면에서, 투자자가 취해야 할 중요한 관점 중 하나다. 나는 미국과 한국 주식시장에서 지난 10년간 시가총액 상위 10위 기업이 단 1개만 빼고 모두 바뀌었다는 이야기를 자주 한다. 지금은 이전보다 변화의 속도와 폭이 점점 더 빠르고 넓어지는 추세다. 트렌드 분석의 정확도와 적중도가 점점 더 낮아질 수밖에 없다. 자칫 너무 빨리 시장을 예단해서 성장성은 있지만 안정성이 없는 기업에 과도한 투자를 결정하게 되기도 한다. 게다가 이 방법론 역시 전문가의 영역에 가깝지 일반 투자자들이 취하기에는 쉽지 않은 접근법이다. 지나치게 시장을 넓고 장기적인 관점으로 보느라 정작 투자라는 핵심에서 벗어나기도 한다.

주식투자의 5단계

5단계는 '사업가적 마인드'에 입각해 하는 투자다. 즉 내가 기업가라면 어떻게 경영할지, 그 결과 어떤 성과를 만들어낼지 분석하면서 공부해나간다.

사업가의 관점을 가지면 정보, 차트, 지표, 트렌드 등이 부여하는 단편적 정보들 외에 더 많은 것들이 보인다. 내가 그 기업을 인수해 경영한다는 관점을 가지면, 기업이 가진 장점이 단점으로 바뀌기도 하고 치명적 단점이 성장의 단초로 보이기도 한다.

내가 투자했던 기업 중에 폐기물 처리업체인 코엔텍이 있다. 2015년 무렵에 투자를 시작했는데, 당시 주가가 2,000~3,000원 대(@500) 수준이었다. 울산에 기반을 둔 이 기업은 울산 산업단지 내 여러 회사들이 자사에서 나오는 폐기물을 처리하기 위해 출자해 만든 것이다. 투자자이자 기업가의 관점을 가지고 여러 차례 방문했다. 회사 부지가 10만 평에 달하는데, 직원 50여 명 정도가 모든 일을 다 처리하고 있었다. 생산성이 매우 높았다. 기업에서 발생하는 폐기물을 회수해서 소각하거나 매립해서 처리하는 것이 핵심 비즈니스 모델인데, 폐기물을 처리할 때 발생하는 열(스팀)까지도 기업에 다시 판매했다. 그야말로 꿩 먹고 알 먹는 회사였다.

당연히 기업과 관련된 기초 자료들(정량적 분석)에 대한 공부를 마쳤고, 주변의 애널리스트들에게 두루 의견(정보)도 물어보았다. 그런데 다들 고개를 절레절레 저으면서 부정적인 견해를 냈다.

안정적이기는 하지만 성장성이 없다는 답변이었다. 나는 그 회사의 전망이 좋다고 판단했다. 지저분한 업무를 하는 소외된 비즈니스로 보일지 모르지만, 단순히 버려질 수 있는 폐기물 자원을 이용해 새로운 부가가치를 생산하는 환경친화적 사업이기 때문에 미래가치(트렌드 분석)도 충족한다고 판단했다. 적극적으로 투자를 시작했고, 결국 2,000~3,000원대에 매수한 주식을 나중에 7,000원대 정도에 매도해 수익을 많이 낼 수 있었다. 세계적 투자회사인 맥쿼리가 인수해서 운영할 때는 주가가 1만 원대까지 올랐다. 중국이 2017년 4월 폐기물 수입을 중단하면서 그 영향으로 2018년 말부터 폐기물 처리 단가가 인상되기 시작했다. 맥쿼리는 이런 상황을 예측했는지 중국의 조치 이후에 여러 국내 폐기물 처리업체들을 속속 인수했다. 폐기물 처리업체는 설령 폐기물 공급처의 거리가 멀어서 운송비가 더 들어도 새로운 거래처를 발굴하기보다는 기존 거래처 폐기물을 계속 처리해줘야 하는 관행이 있었다. 그런데 하나의 사모펀드가 여러 지역의 회사를 모두 인수하자 그 비용도 획기적으로 줄일 수 있었다. 결과적으로 회사의 수익률이 좋아졌다. 배당성향도 높이면서(2017년 7.8퍼센트, 2018년 81.3퍼센트, 2019년 111.4퍼센트, 2020년 99.4퍼센트) 주가도 많이 올랐다. 그런데 나중에 다시 국내 기업이 경영하게 되면서 주가는 9,000원대로 떨어졌다. 이렇듯 경영자가 누구인지도 기업가치에서 매우 중요한 요소가 된다.

다른 이들은 모두 부정적으로 보았지만, 나는 사업가적 마인드로 이 기업을 파악했다. 원재료(폐기물)가 안정적으로 공급되며, 생산물을 판매하는 곳(매출처)도 다양하고 안정적이다. 장치산업임에도 불구하고 인력이 많이 필요하지 않다. 특히 매립장이나 소각장을 새로이 허가받는 데에는 제약사항이 많다. 그러므로 이런 업종을 선점하면 큰 변수가 없는 한 지배력을 유지할 수 있다. 그리고 무엇보다도 폐기물 처리 사업은 우리 사회에 반드시 필요한 사업이다. 더럽고 쓸모없어 보여 외면받지만 사실은 그렇지 않다. 우리 사회가 필요로 한다는 것 자체로 엄청난 무형의 가치가 있다고 여겼다.

이런 방법으로 기업을 분석하고 투자하는 것이 어려울 것 같지만, 절대 그렇지 않다. 살다 보면 당신 주변에 당신과 관련되어 있고, 다른 사람들 눈에는 보이지 않는 알짜 기업을 반드시 만나게 된다. 대수롭지 않아 보이고 다들 지루하고 재미없다고 평하는 기업일 수도 있다. 그러나 안정적으로 수익을 내고 배당을 주는 곳이라면 어느 시점에는 반드시 주가가 2~3배씩 오른다. 관심을 갖고 주시하면서 '내가 기업가라면 한번 해보고 싶은 사업인가?' 혹은 '내가 기업가라면 인수하고 싶은 기업인가?' 하는 기준을 가지고 판단해보라. 그렇게 하면 다른 이들은 보지 못하는 기회를 얼마든지 포착할 수 있다.

태평양을 건너는
항공모함 같은
기업에 올라타라

미래의 변화 속도가 너무 빨라 어떻게 대처해야 좋을지 알 수 없을 때는 거인의 어깨 위에 올라 그들의 시야로 세상을 조망해야한다. 성큼성큼 큰 발걸음으로 세상을 리드하는 이들, 세계의 부를 창조하는 이들이 경영하는 기업에 올라앉아서, 그들이 바라보는 세상 속에서 그들이 만들어내는 성취를 함께 나눌 수 있다.

기나긴 인생의 행로에서 삶을 영위해가는 것이 버겁고 불안하고 위태롭다고 느껴질 때에는 항공모함 같은 기업에 몸을 맡겨 편안하고 안정된 항해를 만끽할 수 있다. 인생을 살아가는 것이 태평양처럼 거대한 망망대해를 건너는 것과 같다면, 어디에 몸을 의탁해야 할까? 조그만 돛단배에 우리 가족의 미래를 오롯이 맡긴다면, 매일의 파도와 풍랑에 흔들리고 요동치면서 불안한 마음을 떨치기 힘들 것이다. 그런데 항공모함에 올라탈 수 있다면 어떨까? 웬만한 기상 악화나 악천후에도 끄떡없이 목적지까지 안전하게 우리를 태워다줄 수 있는 든든한 함선에 동승한다면 항해는 한결 수월해질 것이다.

그런 기업을 찾아 평생 동행한다면 인생에서 별로 두려울 것이 없다. 금전적인 풍요를 누릴 수 있고 안정된 미래가 보장된다. 경영자의 능력, 기업문화, 독보적인 비즈니스 모델, 주가수익비율, 배당수익률, 주당순자산가치 등 점수판에 숫자를 써가며 점수를 매겨보라. 결국 당신은 평생 투자하며 함께 갈 대상으로 업계 1등 기업을 선택할 수밖에 없을 것이다. 이들은 특히 위기에 강하다. 기초체력이 튼튼하기 때문에 거센 폭풍우가 닥쳐도 거뜬히 이겨낼 수 있다. 위기가 와서 추격하던 약한 기업들이 좌초하고 나면, 시장지배력이 오히려 더 강해진다. 그래서 나는 1등 기업에 투자하라고 조언한다. 대표적인 예를 살펴보자. 당신이 만약 화장품 업계 1등 기업들과 동행했다면, 지금까지 어떤 결과를 얻게 되었을까?

지금은 옛이야기가 되었지만 1990년대까지만 해도 태평양, 한국화장품, 코리아나화장품 등 여러 화장품 기업들이 자웅을 겨루며 시장을 분할하고 있었다. 그런데 위기가 닥치자 1등 기업의 진가가 드러나기 시작했다. IMF가 닥쳐 은행은 대출금을 회수하기 시작했고, 재무구조가 건실했던 태평양에게는 큰 문제가 되지 않았지만 다른 회사들은 자금 압박에 시달렸다. 자금이 부족하면 연구개발, 영업, 고객서비스 어느 것도 제대로 하기 힘들어진다. 2, 3위 기업이 고전하는 사이, 태평양(현재는 지주회사 아모레G와 사업회사 아모레퍼시픽으로 인적분할 되었다)은 점점 더 시장점유율을 높여갔다. 연구개발에도 더욱 박차를 가했다. 2000년대 초 디지털 방송이 개국하면서 고화질 방송이 송출되기 시작했다. 당연히 연예인들은 잡티나 주름에 신경을 써야 했는데, 이 회사는 이러한 수요를 간파했다. 이후 중국에서 비약적으로 성장하면서 아모레퍼시픽 주가는 2014년 1월 100만 원 초반(@5,000)이던 것이 그해 12월에는 220만 원까지 올랐다. 2015년 1:10 액면분할을 결정하며 거래정지가 개시되기 전날인 2015년 4월 21일에는 주가가 무려 380만 원대를 기록하기도 했다. 이후 사드 도입으로 인한 중국의 한한령 여파로 2020년 말에 주가가 16만 원대(@500)로 조정되었다. 10대들이 열광하는 에뛰드하우스, 젊은층에게 폭넓은 인기를 누리는 마몽드, 라네즈, 중장년층을 겨냥한 헤라, 설화수 등의 제품 라인을 보유한 브랜드 파워가 있는 기업이다. 향후 한한령 여파가 줄어들고 중국 수출이 재개될 것을 기대하면, 다시 한번 성장주기가 오리라 예측할 수 있다. 이 회사에 대해 잘 공부해두고 있는 투자자라면 그 시점을 점쳐볼 수 있을 것이다.

아모레퍼시픽을 누르고 화장품 업계 1위로 등극한 LG생활건강의 드라마틱한 변화는 또 어떤가? 2005년 현임 CEO인 차석용 부회장이 취임한 이래 이 회사는 12년간 매년 매출과 영업이익이 성장하는 기염을 토했다. 코카콜라를 위시로 한 음료뿐 아니라 세제, 치약, 샴푸, 섬유유연제, 주방세제 등 생활용품 부문에서 두각을 나타내기 시작한 이래, 2018년부터는 화장품 분야 1위였던 아모레퍼시픽을 제치고 시장점유율 1위에 등극했다. 오휘, 수려한 등 고급 제품군뿐만 아니라 숨, 비욘드 등 새롭게 런칭한 브랜드가 성공하고 더페이스샵, CNP차앤박화장품 등까지 연달아 인수하면서 대중시장을 석권했다. 중국 시장 진출에 성공했을 뿐 아니라 이를 바탕으로 북미 진출도 앞두고 있다. 대표적인 경기 방어주로 꼽히는 LG생활건강의 주가는 2011년 40만 원(@5,000) 정도이던 것이 2021년 170만 원까지 꾸준히 우상향 곡선을 그리며 성장했다.

이렇듯 우리가 매일 사용하는 화장품 업종만 해도 대표적 기업들이 엎치락뒤치락 경쟁하면서 비약적으로 발전해왔다. 그동안 이들 기업에 대해 충분히 공부하면서 각각의 성장주기에 올라탈 수 있었다면, 태평양을 건너는 항공모함 같은 기업들이 당신을 편안하게 목적지로 데려다주었을 것이다.

업종 1등을 차지하고 있다는 것은 그 회사의 제품이나 서비스에 소비자가 몰린다는 의미다. 이때 우리가 주목해야 하는 것은 어디가 1등이고 2등이냐 하는 순위 자체가 아니다. 1등 기업을 만들어낸 핵심요인이 무엇이었는지를 명확히 짚어내는 것이다. 그리고 시장이 변화하고 시대가 변천함에 따라서 핵심요인이 여전히 유효한지 끊임없이 체크해야 한다. 명목상 1등인지 진짜배기 1등인지가 중요하다. 어제의 1등이 핵심요인을 잃어버리면 내일은 2, 3등으로 밀려나고 만다. 앞으로는 국내에서만 1등이 아니라 세계시장에서 얼마나 잘하는가 하는 것도 '항공모함 기업'의 중요한 요건으로 꼽힐 것이다.

● **기업은 집단지성을 통해 쉼 없이 성장하고 발전한다**

우리가 의지하고 투자해야 하는 기업은 우리 삶 가까이에 있다. 성장의 기회를 포착하기 위해 부단히 경주하며 발전에 발전을 거듭한다. 그러니 투자할 곳이 없는 것이 아니다. 우리가 미처 발견하고 탐구하고 선택하지 못했을 뿐이다. 기업이 성장하면서 이익을 내고 배당을 통해 성과를 공유하면, 주가는 자연히 기업의 가치에 수렴한다. 단기간에 주가가 큰 폭으로 상승하는 대단한 종목을 발굴하려 애쓸 필요가 없다. 업계를 평정하며 꾸준히 성장하는 기업을 찾아내 긴 시간에 걸쳐 투자하면 반드시 성공한다.

물론 어떤 기업도 평생 존속하리라 장담할 수는 없다. 하지만 산업의 발전 패턴과 속도, 방향을 감안할 때, 향후 5~10년은 믿고 의지할 수 있다. 항공모함 삼아 올라탈 수 있는 기업이 우리 곁에는 얼마든지 있다. 내가 생활 속에서 찾아낸 기업들 몇몇을 소개함으로써 그 힌트를 살펴보기로 하자. 단, 여기서 다루는 기업은 절대 추천 종목이 아니다. 내가 투자할 기업을 고르는 몇 가지 기준을 말해주기 위함이니 참고만 하기 바란다.

나는 몇 년 전부터 증권회사에 주목해왔다. 지금은 대한민국의 자산축이 자본시장, 그중에서도 증권시장으로 본격적인 이동을 시작하는 단계다. 나는 지금 우리의 주식시장이 미국에서 1980년대 중반 401k(미국의 퇴직연금제도 개편안으로 재직자 자신이 본인의 퇴직금을 어디에 투자할지 결정할 수 있다) 투자가 활성화되기 시작한 시기와 유사하다고 생각한다. 4차 산업혁명으로 점점 더 비대면 경제활동 비중이 늘어나면서, 상가 등 부동산을 많이 가진 자산가들은 상당히 불안해하고 있다. 앞으로는 건물주가 되어도 안정적으로 수익을 기대하기가 힘들어질 것이다. 이미 종로, 이태원, 홍대 등 주요 상권에 공실률이 높아지고 있다. 비단 코로나 팬데믹 때문만이 아니다. 코로나로 인해 비대면, 재택근무 문화의 실효성을 경험해본 기업들은 오피스 공간이나 오프라인 매장을 줄여가고 있다. 실제 수백억 원대 부동산을 보유한 자산가들 여럿이 나에게 연락해서 장기적으로 투자하기 좋은 기업을 추천해달라고 부탁해왔다. 그만큼 활발히 증시로 자금이 유입되어 시장에

활력이 더해질 것이다. 그래서 나는 개인적으로 주가 4,000포인 트 시대도 얼마 남지 않았다고 생각한다.

증시로 자금이 유입될 때 플랫폼 역할을 하는 것이 바로 증권회 사다. 2011년 자본시장법이 통과되면서 우리나라 증권회사도 금 융투자회사로 그 개념이 바뀌기 시작했다. 나는 2014년 무렵부 터 몇몇 증권사를 투자할 만한 유력 기업으로 꼽은 바 있다. 합병 으로 증권업계 1위로 부상한 NH투자증권, 삼성증권 등이 물망 에 올랐다. 당시는 증권사의 전망을 좋게 보는 이들이 거의 없었 다. 2012년부터 한국 증시의 일평균 거래량은 연일 줄어들고 있 었다. 거래 수수료가 주요 수입원인 증권사의 이익이 줄어든 것 은 당연한 귀결이다. 그런데 더 중요한 것이 있다. 이익 감소의 여 파로 대대적인 구조조정이 이루어졌다는 사실이다. 여전히 많은 증권사들이 증권 중개 업무 수수료와 단순 투자은행 업무 수수료 수입에 의존한다. 그러나 앞으로 자본시장이 선진국화되면, 은행 중심에서 금융투자회사 중심으로 지형이 변화하게 될 것이다. 한 국에서도 JP모건, 골드만삭스, 씨티그룹, 모건스탠리 같은 글로벌 금융투자회사가 탄생하지 말라는 법이 없다. 특히 많은 금융투자 회사들이 팬데믹 이후 주식투자 열풍으로 돈을 많이 벌었다. 주 가가 저평가되어 있으며 배당수익률도 높은 편이다. 앞으로 2~3 년 동안 꾸준히 증시로 자금이 유입되고, 우리 국민의 금융자산 비율이 점차 더 높아진다면 이들 기업의 성장 잠재력은 앞으로도 충분하다. 또한 본연의 투자 업무에 집중하면 또 다른 성장 기회가 있다고 본다.

한국 기업은 선진국이 잘하는 것을 재빨리 카피해서 따라가는 패스트 팔로워(fast follower)에서, 세계를 선도하는 퍼스트 무버(first mover)로 변신하기 시작했다. 우리는 팬데믹 과정을 통해 그것을 실감했다. K컬처, K푸드를 넘어서 K방역까지 만방에 위력을 과시했다. 드라이브스루 검사 시스템 같은 세계 어디서도 하지 않은 것을 우리가 가장 처음 착안했다. 방역당국 관계자들도 반신반의했다고 한다. 그렇게 시작했는데, 나중에는 오히려 선진국들이 너도나도 배우겠다고 연락해왔다.

오랜 세월 앞서가던 선진국을 따라잡으려고 부지런히 달려온 우리다. 그런데 어느 순간 주위를 둘러보니 제일 앞에서 달리고 있다. 그런 분야가 한둘이 아니다. '우리가 자격이 있나?' 처음에는 어안이 벙벙했지만 이제 우리가 세계를 선도하는 리더로서 세계 표준을 만들 수 있다는 것을 깨닫게 됐다. 이런 기세로 나아간다면 각 분야마다 세계를 제패하는 기업이 더 많이 탄생할 것이다. 기존에는 해외에 로열티를 주고 겨우 중간 생산이나 유통만 담당했다면, 앞으로는 우리가 로열티를 받는 독보적 상품으로 각광받게 될 것이다.

사람들은 제2의 삼성전자, 제2의 LG화학을 찾고 싶어 한다. 물론 10년 이내에 얼마든지 그런 기업이 나올 수 있다. 그만큼 변화의 속도가 빠르다. 한국 기업은 그런 빠른 변화에 능동적으로 대처할 수 있을 만큼 기초체력이 많이 좋아졌다.

첨단산업에 속하지 않는 제조업 영역에서도 얼마든지 세계적 기업이 나올 수 있다. 국가 위상이 높아지고 문화적 영향력이 커지면서, 한국의 문화를 전 세계가 공유하고 싶어 한다. 음식도 예외가 아니다. 건강한 웰빙 음식이라는 인식이 덧붙여져 앞으로도 점점 더 각광받게 될 것이다. 그러니 이제 식품 대기업들은 동네 골목상권을 기웃댈 일이 아니다. 세계시장으로 나아가서 소품종 대량생산 제품으로 시장을 석권해야 한다. 건강도 챙기고 만족감과 미적 아름다움도 충족시킬 수 있는 제품을 퍼뜨려 문화 전도사로 활약해야 한다. 실제로 몇몇 기업들을 탐방해보니 해외로 활발히 진출해 시장을 확대하기 위해 많은 준비를 하고 있었다.

그동안 우리는 브랜드 가치라는 지적 자산이 부족해 늘 선진국의 하청 역할에 만족해야 했다. 그런데 문화 프리미엄이 생기고 브랜드 가치를 제고한다면, 맥도날드, 버거킹 같은 세계적인 제품이 나오지 못할 이유가 없다. 핵가족화가 심화되고 1인 가구가 늘어나면서 간편식 시장이 커지고 있다. CJ제일제당, 오리온, 오뚜기, 농심, 대상, 삼양, 풀무원 등 많은 기업들이 그 시장에서 경쟁한다. 나는 평생 동행하며 투자해야 할 기업 중 하나로 CJ제일제당을 꼽았다. 비비고 만두 제품만 국내와 해외시장을 합쳐 2020년 연간 매출 1조 원을 돌파하며 K만두 열풍을 만들어낸 저력의 회사다. 새로운 성장 모멘텀도 갖추고 있다. 그중 하나가 생분해 플라스틱 기술이다. 유럽은 이미 탄소국경세를 도입하는 등 탄소저감을 위한 각종 규제가 강력해지고 있다. 식품을 수출하기 위해서는 식품의 제조 공정이 친환경적이어야 할 뿐 아니라 포장재도 친환경을 지향해야 한다. CJ제일제당은 2016년 인수한 미국 메타볼릭스의 원천기술 등을 활용해 PHA(PolyHydroxy Alkanoates) 소재를 개발했다. 미생물을 원료로 한 바이오 플라스틱의 일종으로 옥수수 전분을 원료로 하는 PLA에 비해 변형이 잘 되지 않으면서도 자연 상태에서 수년 내에 완전히 생분해된다. 미국의 대니머, 일본의 카네카와 더불어 유럽과 미국의 친환경 인증기관으로부터 생분해 인증을 취득한 3개 기업에 포함되었다. 2021년 연말에 가동할 것을 목표로 인도네시아에 공장을 착공했는데, 이미 글로벌 기업들로부터 5천 톤 규모의 선주문을 받아둔 상태다. 식품 분야에 관심이 있다면, 여러 기업을 공부해서 누가 가장 뛰어난지 판단해보기 바란다. 그런 공부를 바탕으로 당신을 안정된 미래로 데려다줄 항공모함 같은 회사를 찾을 수 있을 것이다.

기호식품인 담배와 인삼을 수출하는 KT&G도 고질적인 저평가 굴레에서 벗어나 세계로 확대할 만반의 준비가 되어 있는 기업 중 하나라고 본다. 전 세계 40여 개국에 수출하며 해외 판매 제품수도 253개에 달하고 국내시장 점유율은 43퍼센트에 달한다.

담배가 유해성이 있다는 이유로 2020년 하반기부터 국민연금이 보유비중을 줄이기 시작했다. 그러나 나는 전자담배 등 건강에 덜 해로운 다양한 제품군을 생산하게 되면, 담배도 얼마든지 기호식품 영역에 포함시킬 수 있다고 생각한다. 전기자동차가 100퍼센트 친환경적이지 않다는 사실과 같은 이치다. 외국인들에게는 아직까지 낯선 인삼이라는 건강식품도 다양하게 가공되어 한류문화와 함께 세계시장 점유율을 넓히고 있다. 연기금이 매도하면서 주가가 하락하는 것은 오히려 저가 매수의 기회라고 할 수 있다. 배당성향이 50퍼센트가 넘으며 배당수익률도 5퍼센트 정도 된다. 퇴직자들이 안정적으로 배당을 받으며 아울러 장기적으로는 주가 상승도 노릴 수 있다. 미국, 러시아, 베트남, 중국뿐 아니라, 아프리카에서도 우리 상품을 애용하는 시대가 멀지 않았다고 생각한다.

3~4년 전에 LG화학, 네이버, 카카오 같은 기업에 투자했다면 3배, 5배의 수익을 얻었을 것이다. 이미 우리 주변에 물이나 공기처럼 스며들어 있는데도 많은 이들이 알지 못했다. 아니, 잘 알고 있지만 투자할 생각은 하지 못했다. 지금 혹시 주변에 그런 기업들이 있는지 찾아보기 바란다. 지금은 국내에서 5조~6조 원 정도의 매출을 하지만, 향후 세계시장으로 활동 범위를 넓혀 50조~60조 원 규모로 성장할 수 있는 기업을 찾으면 된다. 이들의 성장주기에 장기적으로 투자하면 돈을 벌지 못할 이유가 없다.

알고 하면 투자고 알지 못하고 하면 투기다.
철저한 분석을 통해 원금의 안정성과
적절한 수익성을 꾀하는 것이 주식투자의 정도다.

– 벤저민 그레이엄Benjamin Graham

Commandment
06

투자한 기업과
동행하며 소통하라

동행할 기업을 고르는 안목

주가가 오른다는 것은 기업가치가 오른 결과다. 어느 것이 먼저냐 나중이냐의 차이는 있다. 그러나 이 둘은 결국 수렴하게 되어 있다.

'어떤 종목을 고를 것인가?' 물론 나는 이 표현을 별로 좋아하지 않는다. '어떤 기업에 투자할 것인가?' 이렇게 바꿔 말하는 것이 좋다. 미래에 크게 성장할 수 있는데, 현재는 제대로 평가받지 못하고 있는 기업을 고르면 된다. 기업과 동행하며 소통하다 보면, 좋은 기업인데 여러 이유로 주가가 저평가되는 시기가 있다. 이런 저평가된 기업은 투자자라면 누구라도 찾고 싶어 하는 투자 대상이다. 기업가치가 높아지고 미래에 크게 성장한다는 것은 무슨 의미일까? 어렵게 생각할 필요가 없다. 장사를 잘해서 더 많은 고객의 선택을 받으면 된다. 매출이 늘고 이익도 늘고, 그로 인해 현금 흐름이 좋아진다. 그러면 그렇게 생긴 돈으로 앞으로 더 성장하기 위해 연구개발과 투자를 활발히 할 수 있다. 결국 장사를 잘해서 돈을 벌어야, 가치가 높아지고 주가도 올라간다.

그렇다면 장사를 잘하는 기업은 어떻게 찾을까? 이 역시 단순하다. 사람들이 많이 사용하고, 앞으로도 많이 사용할 제품·서비스를 만드는 곳을 찾으면 된다. 이왕이면 마진이 좋아야 한다(이익률). 그러려면 경쟁사보다 더 좋은 제품·서비스를 만들어야 한다. 이 모든 것을 포괄해서 '비즈니스 모델'이라고 한다.

독보적인 제품·서비스를 만들고, 대체 불가능한(독점적) 비즈니스 모델을 가진 기업. 이것이 동행할 가치가 있는 기업의 요건이다. 건물을 지을 때 주춧돌부터 놓아야 하듯이 이러한 요건이 부합되어야 그 위에 더 복잡한 것도 쌓을 수 있다. 이것은 주가가 오르는 기업의 본질이자 필수요건이다.

투자하여 동행할 기업을 고르는 기준

1. 경쟁력 있는 1등 기업
2. 좋은 비즈니스 모델을 가진 기업
3. 건강한 재무구조와 좋은 지배구조를 가진 기업
4. 열린 경영을 실천하는 기업
5. 사회적 책임을 완수하는 기업

내가 2006년 9월에 투자를 시작해 2007년 말에 매도한 삼광유리라는 회사가 있다. 유리병과 맥주 캔 등을 만들어 납품하는 B2B(Business to Business, 기업 간 거래) 업체다. 이 분야는 독보적인 기술력을 요하는 업종이 아니다. 그래서인지 2000년부터 약 5년에 걸쳐 매출과 영업이익 모두 큰 변화가 없었다. 성장이 정체된 회사로 보였다. 주가 역시 1998년부터 2004년 사이 꾸준히 5,000원대에 머물렀다. 독보적인 비즈니스 모델을 보유했다고 보기 힘든 상태였다.

그런데 이 회사는 이미 변화를 위한 용틀임을 시작하고 있었다. 2005년에 접어들면서 1인당 GDP 2만 달러 시대가 열렸다. 바야흐로 웰빙(well-being)이라는 키워드가 대두되기 시작했다. 기존에 사용하던 플라스틱 용기에서 비스페놀 등 환경호르몬이 방출되어 전자레인지 사용이나 냉장고 보관 용기로 부적합하다는 고발이 이어졌다. 그러자 유리 용기에 대한 관심이 급격히 늘어났다. 삼광유리는 이 시기에 맞춰 '글라스락'이라는 혁신적 제품을 출시했다. 그리고 이 제품은 선보이자마자 선풍적 인기를 끌었다. 한국을 넘어 미국, 캐나다 등지에서도 주문이 이어졌다. 2005년 매출 1,542억 원이던 것이 2006년이 되면서 1,781억 원으로 늘었다. 1,700억 원 매출을 돌파한 것은 창사 이래 처음이었다. 주가 역시 실적을 반영해 2005년 11월에 1만 원을 돌파했다.

당시까지만 해도 이 회사를 주시하되 매수는 하지 않았다. 매수하기 전에 공부부터 해야 했기 때문이다. 공부해보니 꽤 탄탄한 내용을 갖고 있었다. OCI그룹 계열사로 재무구조가 아주 안정적이었다. 이테크건설, 오텍, 군장에너지 같은 우량 자회사를 거느리고 있고, 납품처인 하이트맥주 등 대기업의 유가증권도 자산으로 보유하고 있었다. 인천공장 부지의 부동산 가치도 평가의 근거로 충분했다. 수익성, 자산가치 어느 면으로 보나 저평가되어 있는 회사라는 판단이 들었다.

그 후 본격적으로 투자를 시작한 것은 2006년 9월부터다. 이미 주가는 1만 5,000원대가 되었다. 이때 나는 투자할 회사의 주가가 많이 오르면 투자하지 않는다는 원칙을 예외적으로 깨뜨렸다. 단기간에 주가가 3배 가까이 올랐지만 앞으로 추가 상승 여력이 충분하다고 보았기 때문이다. 웰빙은 단순한 유행이 아니었다. 향후 패러다임의 전환을 의미하는 키워드였다. 매수하고 동행하면서 소통한 지 1년 정도가 흐르는 동안 예상대로 주가는 꾸준히 올랐다. 4만 5,000원대가 되었을 때 투자의 사이클을 마무리하고, 지분을 전량 매도했다.

시장이 큰데 경쟁자가 적다면 금상첨화다. 소비자와 직접 만나는 B2C 기업이 아니라 해도 핵심적인 기술을 보유하고 있으면 차질 없이 성장할 수 있다. 반도체 노광장비를 공급하는 네덜란드의 ASML이나 그래픽카드 분야에서 탁월한 기술력을 갖고 있는 엔비디아 같은 기업은 제품을 사주는 쪽이 오히려 고개를 숙

이고 읍소해야 하는 지위에 있다. 이들 기업의 주가는 급격히 움직이지 않지만, 서서히 우상향을 그리며 꾸준히 상승한다. 이런 기업들에 투자하고 있다면 투자자로서 걱정하며 밤잠 설칠 일은 거의 없다.

'시장지배력이 있으면서 이익이 꾸준하고 배당을 주는 회사'를 최우선 투자 대상으로 꼽는다. 이들 중에서도 현재의 자리에 안주하지 않고 적극적인 투자를 통해 더 크게 성장하는 기업이 있다. 투자로 인해 일시적으로 이익이 감소하더라도, 뿌린 씨앗이 빛을 발해 부의 사이클이 작동하면 무서운 속도로 커진다. 이렇듯 부를 늘리면서 성장의 사이클로 들어서는 회사는 훌륭한 투자 대상이다.

비약적으로 성장하지 못해도 꾸준히 자기 영역에서 돈을 버는 기업은 반드시 주가가 재평가된다. 예를 들어 자산이 2,000억 ~3,000억 원인데, 시가총액이 1,000억 원밖에 안 된다. 흔히 말하는 PBR(주가순자산비율)이 낮은 기업이다. 예외가 없는 것은 아니지만, 이렇게 저평가되어 있는 기업을 주가가 저렴할 때 투자하면 좋다. 몇 년이 지나면 확실히 수익을 낼 수 있다.

아무리 좋은 기업도 내가 직접 투자를 하지 않으면 나와 관계가 없는 회사가 되고 만다. 그러니 관심이 가는 기업이 있다면 10주 정도라도 사놓고 공부를 시작하기 바란다. 일단 주식을 사면 호기심도 더 생기고 관심도 가게 된다. 그럼 경쟁하는 옆 회사도 보이고, 뉴스에 나오거나 증권회사 리포트가 나오면 눈에 불을 켜고 찾아보게 된다.

아는 만큼 보인다고 하는데, 애정을 가진 만큼 많이 알 수 있다. 2~3년 정도 충분히 공부한 다음 지켜보면서 저점을 포착해 서서히 매수한다. 앞에서도 말했지만 나는 한 기업의 지분을 거의 1~2년에 걸쳐 아주 서서히 사들인다. 만약 날마다 매매하는 것에 익숙한 사람이 옆에서 내 모습을 지켜본다면, 느림보 거북이 같다며 답답해할 것이다. 끊임없이 투자할 기업과 소통하면서 목표 매수가에 도달했을 때에만 산다. 매수가 끝나지 않았는데 도중에 주가가 올라가버리면 곤란하다. 그래서 내가 투자하는 기업의 진가를 나만 알고 있는 게 좋다. 기업의 본질과 무관한 일로 주가가 떨어지면 오히려 기분이 좋다. 더 많이 살 수 있는 기회이기 때문이다.

매수가 끝난 후에는 주가가 오르지 않더라도 내가 투자한 기업이 잘하고 있는 것을 확인하면서 차분히 기다린다. 주가가 오르지 않아도 배당이 나오니 상관없다. 그렇게 편안한 마음으로 기다리면, 결국 주가는 기업가치에 맞게 올라간다. 이렇게 하면 투자에서 실패할 일은 거의 없다.

과도하게
치장한 기업을
조심하라

2020년 코로나 팬데믹 이후로 공모주 청약 광풍이 여러 차례 불었다. IPO(Initial Public Offering, 기업공개)를 하는 기업들이 상장 당일 소위 따상을 기록하며 사람들의 인기를 모았다. 따상이란 신규 상장 종목이 처음 상장하는 날 160퍼센트 오르는 현상을 말한다. 시초가가 공모가의 2배(따블)로 형성된 상태에서 상한가까지 오르면 따상이다. 그런데 여러 증권사에 계좌를 개설하고 수억 원의 청약증거금을 납입하는 등 북새통을 이루면서도 정작 개인투자자는 몇 주도 받지 못하는 일이 비일비재하다.

나는 IPO 기업에는 여간해서 투자하지 않는다. 거래계좌가 있어 경험 삼아 몇 번 청약을 해보긴 했다. 하지만 상장 첫날 바로 매각했다. 공모주들 대부분 처음에는 열광적인 반응을 얻지만 시간이 흐르면 주가가 떨어진다. IPO 단계에서 기업은 최대한 포장을 한다. 갖은 화장을 하고 시장에 나오는 셈이다. 심지어 일부 기술주의 경우 실적을 부풀리기 위해 밀어내기를 해서 매출을 인위적으로 띄우는 경우도 있다. 모두가 그런 것은 아니지만 IPO 자체가 이목을 집중시키는 이벤트이다 보니 실체보다 부풀려 홍보되는 게 보통이다.

그러므로 IPO 기업에 투자하고 싶다면, 상장 이후 3~4년 정도 지켜보면서 경쟁력이 있는지 제대로 확인한 다음에 투자하라고 조언하고 싶다. 더군다나 공모주 청약은 개인투자자가 들이는 품에 비해 얻는 성과가 너무 적다. 차라리 이미 상장된 기업을 공부하는 데 발품을 팔고 에너지를 들이는 편이 훨씬 더 효율적이다.

주식투자는 확실히 흐름과 유행을 탄다. 2020년부터 시작된 BBIG(바이오, 배터리, 인터넷, 게임) 주도주 열풍으로 몇 배씩 성장한 기업이 여럿이다. 그런데 나는 그런 기업에 많이 투자하고 있지 않다. 내가 투자한 기업들은 전통 산업에서 업력이 있는 회사가 대부분이다. 나는 배당을 중요하게 생각하기 때문에 주가가 많이 오른다고 해도 소위 성장주에는 여간해서 투자하지 못한다. 대신 '각자의 영역에서 없으면 불편한' 기업에 주목해왔다. 외연이 화려하진 않지만 우리 삶이 지속되는 한, 이들 기업은 자기 분야에서 꾸준히 이익을 내기 때문이다.

위기마다 계단식으로 늘어나는 부의 법칙

나는 위기 때마다 경쟁력 있는 기업을 믿고 더 과감히 투자했다. 그래서 위기에 일시적으로 자산이 눌렸다가도 다시 튕겨 올라가곤 했다. 나는 언제나 자산의 거의 전부를 주식에 투자하고 있다. 그러므로 위기가 닥쳤을 때 그걸 피해 갈 방법이 없다. 애초에 위기에 대비해 현금을 비축해둔다는 식의 생각은 하지 않는다. 다만 시장이 과열 상태일 때는 레버리지(신용) 비율을 줄여놓는다. 연일 주가가 오르고 많은 사람들이 너도나도 주식투자에 뛰어들 때는 경계하고 조심한다. 투자 중이던 기업의 주가도 덩달아 올라가서 원하는 만큼 매수하지 못한다. 그런 경우 억지로 따라가지 않고 그 상태를 유지한다.

그러다가 갑작스러운 위기 상황이 생겨 주가가 폭락하면 오히려 레버리지를 적극적으로 활용한다. 평소 투자하고 싶었지만 주가가 너무 비싸서 엄두를 내지 못했던 기업에 마음껏 투자할 기회이기 때문이다. 언제가 저점인지 모르지만, 모두가 공포에 떨며 연일 주식을 던지는 때가 있다. 오랜 시간 투자를 하다 보니 한곳으로 쏠리는 사람들의 심리가 어느 정도 보인다. 이때는 평소 사용하지 않던 레버리지까지 최대한 활용할 좋은 기회다.

그런데 통상 사람들은 이와 반대로 한다. 시장이 호황이고 주가가 오를 때 레버리지를 사용한다. 반대로 주가가 떨어지고 공포에 사로잡힐 때 부랴부랴 현금을 확보하기 위해 신용을 줄이고 주식을 매도한다. 돈 버는 방법과는 정확히 반대되는 행동인 셈이다.

물론 몇 번의 경험을 통해서 개인투자자들 역시 '위기가 곧 기회'라는 큰 교훈을 얻었다. 위기를 피하기보다 적극적으로 활용해야 한다는 것을 알았다. 그래서 2020년 코로나 팬데믹이라는 극단적 공포 속에서 동학개미운동이라는 전대미문의 주식투자 열풍이 일어날 수 있었다. 기업과 미래에만 집중하면 일시적 등락은 얼마든지 극복할 수 있다는 믿음이 생긴 것이다. 한국 주식시장은 위기를 넘겼을 뿐 아니라, 주가지수 3,000포인트를 넘어서며 새로운 장을 열었다.

누구도 언제 어디서 위기가 올지 알 수 없다. 설령 정확하게 예측한다고 해도 시장을 떠나가면 돌아오기 쉽지 않다. 돌아올 시기를 다시 한번 예측해서 맞춰야 하기 때문이다. 늘 겁에 질려 위기만 대비하다가는 심리적으로 위축될 수밖에 없다. 그 상태로는 할 수 있는 것이 별로 없어 결국 제대로 된 투자 수익을 거두기가 어려워진다. 우리가 집중해야 할 일은 언제 올지 모를 위기를 애태우며 기다리는 것보다는 그 위기를 힘차게 뚫고 갈 기업을 찾는 쪽이다. 나의 미래를 믿고 맡길 만큼 든든하고 의지할 만한 기업들을 찾는다면 위기는 또 다른 새로운 기회의 장이 된다.

워런 버핏도
전화통 붙들고 산다

전 세계가 존경하는 가치투자자 워런 버핏은 자산을 형성하던 초창기에는 소위 '꽁초 투자법'을 활용했다. 증권 목록을 펴놓고 최대한 저평가되어 있는 기업을 헐값에 사들여서 마지막 남은 꽁초 끝까지 태워 수익을 얻는 방식이다. 그러다가 어느 정도 자금이 모이자 투자 전략을 선회했다. 자신이 애용하는 제품, 시대가 사랑하는 물건을 만드는 절대 망하지 않을 기업에 투자하기 시작한 것이다. 우리가 잘 아는 코카콜라 투자도 이 무렵 시작되었다. 그는 시계추처럼 정확하게 사무실에 출근해, 엄청나게 많은 신문과 자료를 읽고 귀에서 열이 날 만큼 전화통을 붙들고 산다고 스스로 밝힌 바 있다.

나 역시 자동차로 이동할 때 가장 왕성히 일을 한다. 그 시간이 너무 좋다. 사무실에 있거나 사람들을 만나느라 미뤄두었던 통화를 맘껏 할 수 있기 때문이다. 50여 개 기업에 투자하고 있지만, 여건상 1년에 한 번도 못 가보는 기업들도 있다. 물론 투자하기 전에는 서너 번 이상 방문하고 눈으로 직접 확인한다. 하지만 투자하는 내내 그렇게 하기는 힘들다. 오랜 경험 덕인지 전화 통화만 해도 대충 분위기를 짐작할 수 있다. 목소리만 들어도 회사 사정이 좋은지 아닌지 알 수 있다. 대화라고 해도 별것이 없다. "요즘 어때요? 잘 됩니까?" 그 정도면 충분하다. 별일이 있으면 상대편이 술술 얘기해준다. 수년 동안 소통해왔기 때문에 오히려 내게 사정을 호소하며 조언을 청하는 경우도 있다. 사장은 사장대로 직원들이 마음대로 움직여주지 않는다고 토로한다. 직원들은 사장이 자신들의 의견을 묵살한다며 불만이다. 중간에 중재도 하고 다리도 놔주면서 막힌 곳을 뚫는다.

내가 최근에 투자를 시작한 기업 중에 여든이 넘은 창업주가 아직도 현업에 있는 회사가 있다. 그분은 늘 에너지가 넘친다. 회사에 가면 떨어진 담배꽁초도 줍고 만나는 직원들마다 눈을 마주치며 고생한다고 용돈을 준다. 주인이기 때문에 그렇게 한다. 직원들 모두 창업주를 존경하지만 직언은 하지 못한다. 전설과도 같은 인물이라 그 앞에 서면 어려워서 말도 잘 못 한다. 그러나 나는 주주이기 때문에 그분에게도 대놓고 직언을 한다. "회장님처럼 다른 직원들도 주인이 되어 일하게 해주세요. 그러려면 그들의 제안도 마음을 열고 적극적으로 들으셔야 합니다. 스톡옵션도 줘서 주인이 되게 하세요. 그럼 회장님이 꽁초 줍지 않아도 다들 나서서 솔선수범하지 않겠습니까? 회장님은 귀는 열려 있는데 마음이 닫혀 있어요. 언제까지 당신 손으로 다 하시렵니까? 누구나 처음부터 잘할 순 없어요. 새로운 시도를 하려면 실패할 수도 있습니다. 실패를 용인하지 않고 다 나처럼 처음부터 완벽하게 하라고 하면 직원들이 주눅이 들어서 못하지 않겠습니까?"

기업은 저마다 성장의 단계가 있다. 창업자가 열심히 키워온 회사는 내실이 있고 튼튼하다. 하지만 한 단계 도약하려면 그 너머의 무언가가 필요하다. 돈을 잘 벌고 이익을 내는 것도 중요하지만, 브랜드 가치를 높이고 명성을 쌓아야 하는 시기도 있다. 자신이 투자한 기업에 대해 잘 알면, 이렇듯 그 기업이 나아갈 방향을 두고 경영자와 토론할 만큼 눈높이를 키울 수 있다. 그렇게 소통하는 동안 서로 성장하고 자극이 되어준다.

Commandment 06

투자한 기업을 관찰하며 공부하는 투자 습관

주식투자는 미래를 위한 최고의 준비이므로 반드시 해야 한다고 권하면 흔히 돌아오는 대답이 있다. '도저히 시간이 없어서' 주식투자를 못한다는 것이다. 이들은 주식투자하면 매시간 호가창을 주시하면서 매매에 몰두하는 모습을 연상하는 것이다.

수시로 매매하는 것보다 안정적인 성장을 하고 꾸준히 이익을 내면서 배당을 주는 기업을 서서히 사서 모아가는 쪽이 훨씬 자산을 증식시키기 쉽다. 데이트레이딩 등 초단타 매매를 포함한 잦은 매매는 테크닉이 동반되는 전문가 영역이다. 기업과 시간에 긴 안목으로 투자하는 우리들은 한두 호가(呼價) 조금 비싸게 사고 한두 호가 조금 싸게 팔아도 된다. 매매는 점심시간에 해도 되고 장이 시작하기 전에 목표가에 예약 주문을 걸어놓는 것으로도 충분하다. 수시로 주식 창을 열어볼 필요가 없다. 기업에 대한 공부는 근무시간이 아니라 출퇴근 시간이나 남들이 놀고 잠자는 시간을 쪼개서 한다. 3~4개 동행할 기업을 찾았다면, 공부하는 시간은 하루 1~2시간 정도면 충분하다. 투자자의 시선으로 뉴스를 관심 있게 보고 세상 돌아가는 것에 좀 더 민감해지면 된다.

파생상품 투자, 벤처나 바이오 같은 하이리스크 하이리턴 업종에 대한 투자도 어디까지나 전문 투자자들의 영역이다. 일반인이 붙어서 이익을 보기란 쉽지 않다. 심지어 주식투자에서 돈을 잃어 파생상품으로 벌충하겠다고 덤비는 이들도 있는데 어불성설이다. 상대적으로 쉬운 주식투자에서도 실패한 사람이 전문가조차 판판이 나자빠지는 영역에 도전한다는 것은 여윳돈을 아무에게나 던져주겠다는 것이나 다름없다.

때로 사람들은 단기간에 두세 배씩 오르는 주식을 찾고 싶어 한다. 그러나 도박의 영역에 속한 몇몇 종목들을 제외하고 그런 일은 잘 일어나지 않는다. 반면 기업의 주인이 되어 중장기적으로 투자한다면 불가능한 일만은 아니다. 다만 엄청난 끈기와 인내심이 필요하다. 남들이 알아보지 못할 때 미래가능성을 볼 줄 알아야 하며, 어느 정도 주가가 올라도 앞으로의 성장성을 믿고 꾸준히 투자해줘야 한다. 그러한 담대함은 기업에 대한 깊은 신뢰가 없이는 나올 수 없다.

그런데 그렇게 투자하는 것이 결코 쉬운 일만이 아니다. 내 경우에도 건자재 회사인 동화기업의 지분 일부를 너무 일찍 매도했다. 본래 동화기업은 본업을 알차게 영위하면서도 골프장 등의 자산도 있고 한국일보를 인수하는 등 야심 찬 행보를 해왔다. 나는 평소에 이들을 주시하다가 파나스이텍이라는 이차전지 소재 생산 기업을 인수해서 성장 스토리를 써가기 시작할 무렵부터 본격적으로 투자를 시작했다. 그런데 내 예상보다 주가가 너무 빠르게 올랐다. 1만 5,000원대(@500)에 사서 처음 목표했던 3만 원대에 도달하자 계획대로 일부 물량을 매도했다. 그런데 그 후로도 주가가 8만 원대까지 올랐으니 조금 아쉽기는 하다. 저력이 있는 기업이라는 것도 알았고 배터리 관련 사업의 전망이 좋을 것도 알았지만 그렇게 빨리 많이 오를 줄은 예상하지 못했다. 그러나 안타깝기는 해도 나의 투자는 거기까지다. 나머지는 다른 사람의 몫이라고 생각한다. 팔 때는 다른 사람과 나눈다는 생각으로, 살 때는 다른 사람들을 도와준다는 생각으로 투자를 한다. 나는 언제나 내가 정한 이 원칙을 지키자고 스스로를 다독인다.

나 역시 수시로 기회를 놓치고 가슴을 치는 경우도 있다. LG화학이 이차전지 개발에 착수했을 때부터 그 사실을 알고 여러 강연 자리에서 소개했으면서도 막상 나는 편입하지 못했다. 당시 주가가 20만 원대(@5,000)였다. 이미 투자하고 공부하던 기업이 많았기 때문에 포트폴리오에 발 빠르게 추가하지 못했다. 겉으로는 공부하고 예측했지만, 내심으로는 확신이나 자신감이 없었던 것이다. 후회할 무렵에는 주가가 너무 멀리까지 올라가버렸다. 100만 원대를 넘을 때도 있었으니, 내 투자원칙으로는 살 수 없었다.

네이버 주식을 10만 원대(@100), 카카오 역시 10만 원대 초반(@500)에 매수했다가 30만 원대 초반에 성급하게 판 것도 후회스럽다. 플랫폼 기업의 특성상 다양한 분야에 동시다발적으로 투자가 이루어진다. 심지어 투자했다가 금세 발을 빼는 일도 잦다. 전통적인 기업에 투자하는 게 익숙하던 내게는 그런 모습이 산만하게 보였다. 주식투자로 어느 정도 성공했다는 나조차 잘못 판단하거나 결단력이 부족해 기회를 놓치는 일이 종종 있다. 하지만 시장은 언제나 열려 있고 기회는 다시 찾아온다. 실패를 거울삼아 배우고 새롭게 도전하면 된다.

주식투자를 할 때 오히려 수시로 시세를 보는 버릇을 들이면, 자신만의 원칙을 어기고 계획에도 없던 엉뚱한 기업의 주식을 매수하기 쉽다. 50퍼센트, 100퍼센트씩 오르는 종목을 곁눈질하다 보면 나도 모르게 손이 나간다. 그러니 아무리 좋은 기업이라도 '싼 가격'에 사야 한다는 원칙을 잊어선 안 된다. '모르는 기업에 투자하지 않는다!', '내가 투자한 기업에 대해 꾸준히 관찰하고 관심을 기울인다!' 이러한 원칙을 지키는 투자만이 장기적인 성공으로 이어지며 잃지 않는 안전한 방법이다.

전도가 유망한 기업의 미래를 정확히 예측하고 싶은가?
그렇다면 치밀하고 끝없이 사실을 수집하고 또 수집하라.

— **필립 피셔**Philip Fisher

Commandment

O7

기업의 성장주기에
투자하라

매매 타이밍을
맞히는 것은
불가능에 가깝다

주식투자를 처음 시작하면 꼭 듣는 말이 있다. '무릎에서 사서 어깨에서 팔아라!' 증시에선 불문율처럼 전해오는 격언이다. 주식 시장이 과열되었을 때에는 어느 정도 현금을 확보하라는 말도 많이 듣는다. 선행지표나 시장 사이클을 읽어서, 시장에 들어가고 나올 때를 파악하라는 얘기도 자주 듣는다.

그런데 개인투자자가 이러한 시장 타이밍을 맞히는 것은 매우 어렵다. 아니 불가능에 가깝다. 30년 동안 주식투자를 해온 나도 그걸 맞힐 재주는 없다. 게다가 과거 데이터를 근거로 현재를 예측하는 방법은 점점 더 효용성을 잃고 있다. 변화의 속도가 빨라지고 동일한 패턴이 반복되지 않는다. 시장 주기와 사이클이라는 것은 참고사항일 뿐 절대적인 기준이 될 수 없다.

내가 처음 자본시장에 들어온 1990년대 이전에는 '순환매'라는 게 아주 명확히 존재했다. 건설, 무역, 금융 등이 흐름을 타며 업종 단위로 주가가 움직였다. 업종이 움직이면 잘하는 회사든 못하는 회사든 관계없이 다 주가가 올랐다. 1980년대 이전에는 상장사가 적었다. 시장참여자들의 자본시장에 대한 이해도도 떨어졌다. 중동 머니가 한참 들어오던 시기에는 건설 관련주가 급등했다. 심지어 건설과 아무런 관련이 없는 건설화학이라는 회사의 주가도 올랐다. 이름에 '건설'이 들어갔기 때문이다.

많은 이들이 주가의 패턴을 분석하려 애쓴다. 성장주, 경기민감주, 가치주 등으로 기업 유형을 구분하기도 한다. 유동성 장세, 실적 장세 등 주식시장 수급에 따른 변화도 자주 언급한다. 그런 것을 잘 알아야 주식투자에 성공한다고 강조한다. 하지만 이는 사실과 다르다. 참고 정도는 할 수 있어도 절대적인 기준은 될 수 없다.

시장이 고꾸라져도 강물을 거꾸로 힘차게 거슬러 오르는 연어처럼 실적이 올라가는 기업이 있다. 어떤 기업은 불황일수록 더 각광받는다. 그러므로 투자자가 관심을 두어야 할 것은 시장의 막연한 흐름이나 사이클이 아니다. 내가 투자하고자 하는 기업의 사이클이다.

'시장이 과열됐을 때는 현금을 확보하라'는 말도 나는 별로 신봉하지 않는다. '주식시장을 관찰하다가 지수가 오르면 주식을 팔아 수익실현을 하라! 그다음 시장을 관망하다가 다시 지수가 떨어지면 저가 매수의 기회를 노려라!' 이런 조언도 많이 듣게 된다. 그런데 과연 어디가 고점이고 어디가 저점일까? 말이 좋아 타이밍이지 실제로는 맞히는 게 불가능하다.

나는 그런 식으로 시장에 들어갔다 나왔다 하지 않는다. 시장의 등락에 관계없이 내가 공부한 기업의 사이클만 신경 쓰기 때문이다. 지수가 올라도 투자하려는 기업의 주가가 내려가 적절한 매수의 시기가 온다. 반면 지수가 떨어져도 내가 투자했던 기업이 충분히 성장해서 한 사이클을 마감하고 매도할 시기가 온다. 이렇듯 내가 매수하고 매도하는 타이밍은 오로지 내가 투자하는 기업의 성장 사이클과 연동된다. 나머지 시장의 흐름이나 경기는 별로 개의치 않는다. 그래서 어떤 때에는 지금 코스피 지수나 코스닥 지수가 얼마인지조차 모를 때도 있다. 시장이 나쁘다고 하는데, 내 포트폴리오에 있는 기업들의 주가가 상승할 때도 많다. 주가지수의 흐름과 관계없이 기업만 보고 투자하기 때문이다.

그런데 시장의 흐름을 관찰해 적절한 타이밍에 진입했다 빠져나와야 한다는 주장은 왜 나오는 걸까? 잘은 모르지만 증권사나 투자회사 등 중개 업무를 하는 이들의 시선이 들어가 있을 수 있다. 자꾸 매매를 유도해야 그들에게 수익이 돌아오기 때문이다. 나처럼 자주 매매를 안 하는 투자자만 있다면, 수수료 수입이 별로 없을 것이다. 그런데 그런 기관들 역시 크게 생각해야 한다. 당장 눈앞에 먹을 것도 중요하지만, 시장이라는 파이가 커지면 모두가 함께 그 열매를 나눌 수 있다. 금융 중개기관도 잦은 매매를 독려하는 대신, 좀 우직하고 심심하게 좋은 기업에 투자하는 문화를 함께 만들면 좋겠다.

매매를 해서 먹고 살 수 있을지는 몰라도, 큰 부자가 되기는 힘들다. 어떤 사람은 '그래도 주식투자에서는 매매하는 맛이 있어야 한다'고 말한다. 하지만 나는 주식투자의 성공비결은 웬만해서 매매하지 않는 데서 나온다고 생각한다. 극단적으로 말하자면 그렇다. 내가 투자하는 기업이 목표주가에 도달하지 않으면 절대 매도하지 않는다. 이것은 투자자에게 매우 큰 도전이자 연습이다. 주식투자로 부자가 되는 길은 화끈하고 짜릿하며 흥미진진하지 않다. 그보다는 지루하고 심심하고 답답한 일이 많다. 인내하고 참고 삭히는 과정이 더 많다.

회사는 정말 좋은데, 많은 사람들이 그 가치를 몰라 시장에서 소외된다. 인기를 끌지 못하고 주가도 오르지 않고 거래량도 거의 없다. 애널리스트들도 주목하지 않는다. 2~3년 동안 꾸준히 관찰하며 분석한 결과 반드시 성장한다는 확신이 든다. 이렇게 심혈을 기울여 고른 기업의 주가가 떨어진다. 얼마나 좋은 매수 타이밍인가? 시장의 타이밍은 맞힐 수 없지만, 내가 투자할 기업을 매수할 타이밍은 맞힐 수 있다. 열심히 공부했기 때문이다. 그런데 정작 주가가 떨어질 때 살 수 있으려면, 담력, 결단, 용기가 필요하다. 실제로 해보면 이 말이 무슨 뜻인지 잘 알게 될 것이다.

나는 길게 보고 공부하며 투자하라고 하지만, 사서 무작정 묻어두는 초장기 투자 역시 권하지 않는다. 그보다는 '기업의 성장주기'에 투자해야 한다. 주가가 싸졌을 때 사서, 올라가면 판다. 이것을 어찌 알까? 기업을 오래 공부하고 관찰하면 된다. 종합주가지수의 오르내림은 알 수 없어도, 내가 투자한 기업의 주가 향방은 오래 관찰하면 알 수 있다. 평생 동행할 만한 기업 3~4개를 꾸준히 관찰하면서, 그들의 성장주기에 따라 투자 비중을 조정한다. 이것이면 충분하다. 성장주기의 초입에 시장의 인정을 덜 받을 때 매수한다. 성과가 나오고 시장의 주목을 받기 시작하고 성숙기를 거치며 하나의 성장주기를 마감할 때 매도한다. 그러다가 다시 시장의 관심이 시들해지기를 기다린다. 이렇듯 하나의 기업에 여러 번의 성장주기를 활용해 투자할 수도 있다.

기업은 매년 잘할 수 없다. 어느 정도 성과를 낸 후에는 정체기가 온다. 기업도 생물체와 같기에 숨 고르기를 하며 준비하는 과정이 필요하다. 이 시기에는 새롭게 설비나 기술에 대한 투자도 하고 새로운 시장에 노크해보기도 한다. 버는 것은 일정한데 투자 규모가 커지니 이익이 줄어들 수밖에 없다. 투자와 동시에 성과가 나오는 것이 아니기 때문이다. 이러한 모든 요소들이 기업의 사이클을 구성하고 투자의 타이밍을 결정한다.

나는 투자하는 기업의 주가가 떨어질 때마다 1~2년에 걸쳐 꾸준히 매수하지만, 매도는 자주 하지 않는다. 처음 투자할 때 설정한 목표치에 도달했을 때에만 매도한다. 뉴스나 단기적 이슈에 휘말려 거래량이 급증하면서 가격이 치솟을 때에도 어쩔 수 없이 매도한다. 원칙에서 벗어나 내가 예측할 수 없는 투기의 영역으로 들어갔다고 판단하기 때문이다. 이렇듯 오래 공부하고 관찰하고 소통하는데도 성장주기를 맞히지 못하는 경우도 많다. 하물며 잘 모르는 회사라면 어떻겠는가? 또한 내가 모르는 수많은 복합변수가 작용하는 주가지수의 변동을 어떻게 맞힐 수 있겠는가?

Commandment 07

주식투자는
기업의 성장주기에
올라타는 것

주식투자자들에게 장기투자해야 큰돈을 벌 수 있다는 조언은 항상 매력적으로 다가온다. 이때 자주 등장하는 주인공이 삼성전자다. 1975년 상장했을 무렵의 삼성전자 주가는 2,800원(@5,000)이었다. 2021년 초 기준 이 회사의 주가는 8만 원대(@100)다. 상장 당시의 액면가 5,000원으로 계산하면 주당 400만 원대로, 1,400배가 올랐다. 1975년에 1,000만 원을 투자했다면 현재는 140억 원(유·무상증자 및 배당은 제외한 수치다)이 되었다는 의미다.

1979년 분양한 은마 아파트의 평균 분양가가 2,400만 원이었는데 현재는 20억 원가량 된다. 그러나 같은 돈으로 삼성전자 주식에 투자했다면, 무려 336억 원으로 늘었을 것이다. 주식투자

쪽이 부동산보다 훨씬 수익성이 좋은 비즈니스다. 여기까지는 사실이다.

그런데 당시 삼성전자는 각광받던 대장주가 아니었다. 1970년대 후반까지만 해도 한국전력, 현대자동차, 대림산업, 금성사보다 시가총액이 낮았다. 1980년대 들어서도 현대차, 유공, 현대건설보다 뒤처져 있었다. 삼성전자가 시가총액 1위 기업이 된 것은 1999년에 이르러서다. 당시에도 한국전력이나 한국통신과 엎치락뒤치락했다. 삼성전자공업주식회사로 출발한 이 회사는 처음에는 백색가전과 전자시계 등을 생산했다. 하지만 1980년대 반도체, 1990년대 휴대전화와 LCD 사업 등 미래 신수종 산업에 적극적으로 진출함으로써 오늘날 시가총액 1위 기업으로 변신할 수 있었다.

만약 당신이 초창기부터 삼성전자에 투자하고 꾸준히 소통하고 동행했다면 어땠을까? 1982년 1월 반도체 연구소를 설립했을 때 이 회사의 성장 잠재력을 발견했을지 모른다. 그런데 당시는 일본이 전 세계 반도체 시장을 호령하던 시절이었다. 엄청난 연구개발과 투자로 오늘날에 이르기까지, 그 과정이 과연 순탄하기만 했을까? 성과를 거두기도 전에 유동성 문제 등으로 도산했다면? 은마 아파트를 샀으면 이익으로 남을 돈이 휴지조각이 되어 사라졌을 수도 있다. 시대를 풍미하다 10년도 안 돼 허무하게 무너진 기업들이 얼마나 많은가? 그런 기업의 지분을 사서 무작정 장기간 묻어두었다면 어떻게 되었을까? 그러므로 장기투자만이 정답인 것처럼 말하는 것은 무책임한 주장이다.

단기투자는 당연히 권장할 만한 게 못 된다. 충분히 공부하지 않고 주변의 추천이나 정보, 차트를 보고 하는 투자는 스트레스를 동반하는 심리 게임일 수밖에 없다. 매수와 매도의 적절한 타이밍을 포착하기도 힘들다. 오르면 더 오를 것 같고 내려가면 계속 더 내려갈 것 같다. 기업을 모르니 언제 사고 언제 팔아야 할지 감을 잡기 힘들다.

기업의 성장주기에 투자하되, 기업과 시간에만 집중하는 투자법이 필요하다. 기업은 일직선으로 성장하거나 쇠퇴하지 않는다. 단기적으로는 위아래로 오르내리는 변동 사이클을 그리면서 서서히 성장하거나 서서히 쇠퇴한다. 기업 성장이 곧바로 주가 상승으로 이어지는 것도 아니다. 주가는 기업의 본질가치가 높아졌다는 것을 다수의 주식시장 참여자들이 알아차릴 때 비로소 올라가기 때문이다. 주가 상승은 기업의 노력이 주식시장에서 인정받는다는 의미다. 그러므로 투자를 한 뒤에도 한참 동안 기다려야 할 때가 많다. 기업 안에 있는 성장의 씨앗이 싹을 틔워 꽃을 피우고 열매를 맺기까지도 시간이 걸리고, 시장의 인정을 받기까지도 시간이 걸린다. 주식투자에서 성공하려면, 온전히 기업과 시간에만 집중하라고 하는 이유다.

내가 하는 말이 아주 쉽고 단순해 보이지만 막상 해보면 실행하기가 쉽지 않다. 나는 수십 년 동안 이 방법을 많은 이들에게 소개했다. 어떤 이는 받아들이고 열심히 따라 하는 반면, '좋은 얘기'라고 흘려듣고 마는 사람이 대부분이다. 콩나물시루 법칙이라는 것이 있다. 콩나물을 기를 때 시루에 물을 아무리 많이 부어도 대부분은 밑으로 빠져나간다. 그래서 마치 물을 주는 행위가 헛된 것처럼 느껴진다. 그러나 콩나물은 그 물의 일부를 열심히 빨아들여 꾸준히 성장한다. 내가 투자법을 알려준 분들 중에서도 대다수는 시루의 물처럼 그저 흘려보내고 말지만, 개중에는 최대한 물을 빨아들여 열심히 자산을 키워낸 사람도 있다.

　10년 전에 제주에서 강연을 한 적이 있다. 청중 중 한 분은 지금 70억 원대 자산가가 되어 있다. 자녀들에게도 소액을 증여해 주식투자를 시작하게 해서 지금은 꽤 많은 주식 자산을 보유하고 있다고 했다. 당시 내가 가지고 있는 포트폴리오를 열심히 적어두었다가, 그중에서 주가가 안 오른 것만 골라 공부하고 동행하며 오래 투자했다고 한다. 같이 강연을 들었던 다른 한 분 역시 주식투자를 열심히 했지만, 사고팔기에만 몰두한 끝에 돈을 크게 벌지 못했다고 한다. 짧다면 짧고 길다면 긴 10년이다. 이 기간에도 이렇듯 엇갈린 결과가 나온다.

버는 것보다
잃지 않는 것이
더 중요하다

주식투자에는 일반적인 인간 심리에 역행하는 요소들이 많다. 그래서 매매의 실전으로 들어가면 다들 어려움을 토로한다.

저평가된 기업을 고르라고 하지만, 주가가 떨어지는 기업의 주식을 사는 것은 쉽지 않다. 어떤 기업에 투자하기로 결정했다. 그런데 매일 주가가 조금씩 떨어진다. 그러면 문득 내가 판단을 잘못했나 하고 의심이 든다. 본질가치와 무관한 이유로 주가가 떨어져도 선뜻 매수 버튼을 누르기 힘들다. 그러다가 주가가 올라간다. 그러면 갑자기 다시 사고 싶어진다. 목표했던 매수가보다 높아져도 며칠 동안 계속 오르면 욕심이 난다. '이러다 놓치겠다!' 싶어 서둘러 매수 버튼을 누르게 된다. 주가가 더 오르기 전에 빨리 사야 한다는 생각에, 분할 매수 원칙은 잊어버리기 일쑤다.

반대로 고평가된 종목은 피하라고 많은 이들이 조언한다. 그런데 정작 실전에 들어가면 어떤가? 언론에 연일 나오고 사람들 입에 오르내리는 기업에만 관심을 갖는다. 주가가 계속 올라가면 사고 싶어진다. 처음 10퍼센트 안팎으로 오를 때는 참을 만하다. 하지만 상한가 가까이 가파르게 올라가는 걸 보면, 손가락이 근질근질해진다. 지금 사서 조금이라도 수익을 거두면 된다는 생각에 매수 버튼을 누른다. 차라리 처음 소폭으로 오를 때 샀다면 모르겠는데, 결국 꼭지에 사서 물리는 경우가 많다.

매매를 할 때에도 심리가 작용한다. 보통 주식을 사는 것은 쉽다. 그런데 파는 것은 많이들 어려워한다. 살 때는 별 고민 없이 사는데, 팔 때는 온갖 생각이 오고간다. 목표가만큼 올랐는데도 더 오를까 봐 계속 매도를 망설인다.

매수한 기업의 주가가 떨어질 때는 어떨까? 어느 정도까지는 괜찮다. '주가는 기업가치에 수렴한다'는 믿음으로 기다리기로 한다. 그런데 수개월, 1년이 되도록 주가가 횡보하거나 떨어지면 어떻게 될까? 기업에 대한 믿음이 희석되기 시작한다. 다시 점검해보고 공부하며 대응해야 하는데, 그럴 심리적 여력이 없다. 그러다가 어느 순간 자신이 매수한 주가나 그보다 조금 높은 정도로 주가가 올라온다. '다행이다' 싶어 얼른 팔아버린다. 그런데 주식에는 눈이 달렸다고들 한다. 이상하게 팔고 나면 주가가 오른다. 본전에 팔고 나니 오히려 올라간다. 억울한 생각에 추격 매수를 한다. 그렇게 또 스텝이 꼬이게 된다.

매매의 영역으로 들어가면 주식투자는 늘 이렇듯 심리전이 된다. 그래서 주식투자가 어렵다고들 하는지도 모른다. 나는 줄곧 매매는 주식투자의 본질이 아니라고 강조했다. 하지만 주식투자를 하려면 불가피하게 매매를 해야 한다. 심리전에 흔들리지 않으려면, 매매에서 남들과 다르게 생각하는 법을 알아야 한다.

흔히 매수는 쉽고 매도는 어려워한다. 그러나 투자에서 매도보다 매수가 훨씬 더 중요하다. 어떤 의미일까? 다른 재화와 달리 주식은 반품이 안 된다. 일단 '매수' 버튼을 눌러 거래가 체결되면, 매도할 때까지 보유해야 한다. 주가가 떨어지고 심지어 기업이 상장폐지 되어 가치가 없어져도 갖고 있을 수밖에 없다. 반면 매도는 손익을 확정 짓는 행위다. 손실이 나도 안 팔면 된다. 얼마든지 선택할 수 있다. 일시적 변동성으로 주가가 떨어져도 매도하지 않으면 손실은 확정되지 않는다. 주가가 오른 뒤에 매도하는 익절의 경우에도, 너무 빨리하면 수익을 극대화할 수 없다. 하지만 손실이 난 것은 아니다.

매수할 때 실수해서 생기는 손실은 '회복할 수 없는 손실'이다. 즉 주식을 사는 시점을 잘못 판단해 고평가된 가격에 매수하면, 이후 하락으로 인해 발생하는 손실은 자력으로 회복시킬 수 없다. 매수한 가격까지 주가가 올라오기만을 기다려야 하는데, 투자한 기업에 대해 잘 모른다면 그게 언제가 될지 알 수 없다.

반면 매도에서 판단 미스로 생기는 것은 기대수익 손실뿐이다. 즉 '더 벌 수 있었기에' 혹은 '덜 잃을 수 있었기에' 아쉬운 것뿐이다. 그런 것은 어차피 내 것이 아니라고 생각하고 털어버려야 한다. 주가가 정수리까지 올라갈 때까지 버티겠다고 결심해도 막상 쉽지 않다. 실제로는 정수리에서도 매도하지 못하고 자꾸만 기다리다가 다시 주가가 떨어져 어깨나 허리쯤에 팔게 되는 게 현실이다. 그러니 차라리 목표 가격에 도달했을 때 미련 없이 파는 게 낫다. 그런 다음에 그 자금으로 다른 투자 기회를 찾으면 된다.

면밀히 판단해 저가에 잘 매수했지만, 보유 중에 기업에 대한 평가가 달라지는 경우도 생긴다. 갑작스럽게 돈이 필요해서 매도를 해야 할 때도 있다. 그렇다면 포트폴리오 중에서 어떤 것을 매도해야 할까? 수익이 나는 쪽을 매도할까? 손실이 난 쪽을 매도할까?

많은 초보 투자자들이 수익이 난 종목을 먼저 매도한다. 손실이 난 종목을 파는 것보다 낫다고 생각한다. 하지만 대개 이러한 선택은 마치 가게에 여러 물건을 진열했는데, 잘 팔리는 제품들은 금방 진열대에서 없애버리고 안 팔리는 물건만 놔두는 것과 같다. 수익 여부만을 매도의 판단 기준으로 삼아선 안 된다. 그렇게 하면 시간이 지나 언젠간 오르겠지 하는 막연한 기대감만 갖게 된다. 늘 기업이 그 기준이 되어야 하며, 어느 기업이 나에게 기다릴 만한 확신을 주는가에 집중해 결정해야 한다.

아무리 좋은 기업도
쌀 때 사야 성공한다

주식은 가능한 한 저가에 매수해야 한다. 저점에 기업을 매수하는 이점은 한두 가지가 아니다. 나중에 상승했을 때 수익률이 좋아진다. 더 중요한 것이 있다. 기업이 다시 시장의 인정을 받기까지의 긴 시간 동안 주가가 횡보하거나 하락해도 신념을 갖고 기다릴 수 있다. 투자를 지속할 수 있는 심적 지지선이 되어주는 것이다. 반면 비싸게 사면 조금만 떨어져도 불안하다.

기업을 싸게 사는 방법은 긴 시간에 걸쳐 서서히 분할 매수하는 것이다. 관심 가는 기업이 있고 충분히 공부해두었다면 서두를 필요가 없다. 설령 한두 달에 걸쳐 주가가 꾸준히 상승한다고 해도, 기업가치가 더 높다면 아직은 저가라고 판단할 수 있다. 기업가치에 비해 주가가 싸다고 판단될 때 매수하는 것이 핵심이다. 비싸게 사면 안 된다. 버는 것도 중요하지만 잃지 않는 것이 더 중요하다.

남들이 살 때 사고, 남들이 팔 때 파는 것이 최악이다. 자꾸만 증거를 눈으로 확인하고 매수하려는 습관이 들어서 그렇다. 좋은 기업이라고 판단했는데 나만의 착각은 아닌지 의심이 된다. 남들의 판단, 인정이 필요하다. 기업 분석 리포트가 나오고 기사가 나오고 주가가 오르면 그제야 믿음이 간다. 스스로를 믿지 못하는 것이다. 그래서 주식투자에서는 신념이 중요하다. 자신이 발굴했고 충분히 공부했다면, 많은 사람들이 그 기업을 알아보지 못한 걸 감사해야 한다. 사람들의 오해와 무관심으로 주가가 떨어져준다면 더욱 환영할 일이다. 남들이 행동하는 것과 정반대로 하면서, 미래에 거둘 성과를 떠올리고 즐거워해야 한다. 자기만의 기준을 세워 그에 부합하는지 시간을 두고 면밀하게 살폈다면, 다른 사람은 모르는 나만의 확신이 생겼다면, 용기와 담대함이 생긴다.

신념을 갖고 기업에 투자하면 반드시 이긴다

한국 주식시장의 투자 주체는 개인, 기관, 외국인으로 나뉜다. 이 제껏 개인은 나머지 둘과 싸워서 절대 이길 수 없다고 했다. "개인은 기관이나 외국인에 비해 정보력도 떨어지고 같은 정보를 접해도 분석력이 떨어진다. 자본력도 빈약하기 때문에 이들과 싸워버틸 재간이 없다." 이런 시선이 지배적이었다.

그런데 팬데믹 이후 시장의 양상을 한 번 보기 바란다. 개인들은 주가가 올라가면 적절히 수익 실현을 하며 빠지고, 기관이나 외국인들이 주식을 던져서 주가가 떨어지면 여유롭게 다시 사들인다. 팬데믹 직후 삼성전자 주가가 4만 원대까지 떨어지고 연일 기관과 외국인들이 팔아치울 때, 모두 받아낸 것이 바로 동학개미들이었다. 기관과 외국인은 나중에 주가가 많이 오른 후에 울며 겨자 먹기 식으로 팔았던 주식을 다시 담을 수밖에 없었다. 요즘은 개인투자자들의 집단지성이 기관이나 외국인 등 일부 엘리트들의 정보력을 넘어선다. 매우 혁명적인 일이 아닐 수 없다. 과거처럼 정보가 독점적으로 유통되지도 않는다. 이제는 더 이상 애널리스트의 의견이 펀드 매니저들만의 전유물이 아니다. 또한 발 빠른 대응력을 갖춘 개인들이 자본시장에 대한 정보나 다양한 자료들을 공유해줌으로써 투자자들의 눈과 귀를 열어준다.

개인은 여러모로 기관이나 외국인보다 경쟁우위를 갖고 있다. 개인은 자신의 기준에 부합하는 투자처를 찾을 때까지 몇 년이고 몇 달이고 투자하지 않을 자유가 있다. 하지만 기관은 다르다. 매 순간 어딘가에는 반드시 투자를 해야 한다. 또한 개인은 매출이나 수익에 변화가 거의 없어도 내부적으로 역량을 쌓으며 성장하는 기업을 찾아내 얼마든지 시간을 갖고 기다릴 수 있다. 하지만 기관은 매달 지수 상승분 이상의 수익률을 올려야 한다는 실적 압박감에 시달린다. 이처럼 개인에게는 시간과 자유라는 마법의 가루가 더 주어져 있다.

주식투자에 실패한 이들은 입버릇처럼, 기관, 외국인, 대주주의 음모에 당했다고 말한다. 그런데 그런 이들일수록 대개 제대로 된 공부 없이 투자한 경우가 많다. 누군가의 추천이나 주가의 흐름만 보고 충동적으로 결정한다. 투자한 후에도 기업이 아닌 주가와 서툰 연애만 반복했을 공산이 크다. 주가와 연애한다는 것은 주가가 오르면 열렬히 사랑하다가 주가가 떨어지면 지독히 미워하는 '애증의 투자'를 말한다. 기관, 외국인, 대주주와 싸운다는 발상이 가능한 이유는 주식투자를 수급(需給)의 차원으로 바라보기 때문이다. 즉 기업의 본질인 가치에 근거해 투자하는 것이 아니라, 누가 사고파는지만 보고 투자하기 때문이다.

매년 꾸준히 매출과 이익이 느는 기업이 있다고 하자. 무슨 이유인지 모르지만 갑자기 외국인들이 자금을 회수하면서 주가가 급락했다. 아무리 내용을 보아도 근본적 원인을 알 수 없다. 그럼 그 기업의 주식을 사야 할까 팔아야 할까? 수급의 관점에서 본다면 팔아야 한다. 왠지 외국인은 내가 모르는 내부정보나 유력한 첩보를 입수했을 거라 의심한다. 당신의 생각과 달리 그저 단순한 자금 운용의 목적일 수도 있고 파생상품이나 공매도 때문에 근거 없이 시장을 흔드는 것일 수도 있다. 기업의 본질만 본다면 그런 것은 장기적으로 문제가 되지 않는다. 오히려 좋은 기업의 주식을 싸게 매수할 기회로 삼으면 된다.

반대로 적자를 반복하며 앞으로의 전망도 불투명한 기업이 있다. 그런데 누군가 대량 매수를 한다. 그렇다면 그 기업의 가치가 갑자기 올라간 걸까? 투자자로 온갖 산전수전을 겪은 나조차, 외국인이나 기관이 왜 사는지, 그들 내부의 자금 사정이 어떤지 잘 알지 못한다. 시간이 좀 지난 다음에야 '아 그래서 자금이 유입됐

구나…' 하고 추정하는 정도다. 이러한 상황에서 '수요와 공급'의 추이에 무작정 흔들린다면, 그것이야말로 당신이 의심하는 그 작전세력의 먹잇감이 되어주는 일이다.

얼마 전에 1조 5,000억 원 정도의 자금을 운용하는 유력 투자기관의 수장과 같이 이야기를 나눈 적이 있다. 주가를 압박해 수익을 노리는 파생상품 투자도 많이 하고 주가의 흐름에 따라 짧게 치고 빠지는 투자를 많이 해왔다고 한다. 그런데 올해 들어 수익이 눈에 띄게 줄어 걱정이란다. 오히려 개인투자자들보다 한발 늦게 움직이는 경우가 많다. 비쌀 때 사고 떨어질 때 파는 일도 잦다. 내가 투자하는 기업들과 그 이유를 설명해주자, 자신들도 포트폴리오를 다시 살펴야겠다며 무릎을 쳤다. 신념을 갖고 기업자체만 보고 우직하게 투자하는 것의 중요성을 새삼 절감한다는 것이다.

줏대 없이 주가의 흐름에 따라 움직이는 투자를 하면 자칫 손실을 보기 쉽다. 시간이 걸려서 좀 지루하더라도, 오로지 기업만 보고 시간을 두고 투자한다면 반드시 성공할 수 있다.

주식투자는 시간time과 동맹을 맺는 싸움이다.
짧게 대하면 시간은 적enemy이 되고
길게 대하면 시간은 우군ally이 되어준다.

– 스콧 갤러웨이Scott Galloway

Commandment
08

주식투자는
농사다

농부는 계절을
건너뛰지 않는다

나는 농부처럼 투자한다. 그래서 나는 '주식농부'이고 내 투자방식은 '농심(農心)투자'다. 농심투자란 무엇일까? 농부가 좋은 씨앗을 고르듯이 심사숙고해서 투자할 기업을 고른다. 농부가 씨를 뿌릴 시기를 선택하듯이, 투자의 시점을 신중하게 선택한다. 농부가 매일 논밭으로 나가서 작물을 돌보듯이, 내가 투자한 기업과 소통하고 동행하며 돌보고 육성하고 격려하고 채찍질한다. 최종적으로 처음 세웠던 농업 계획에 따라 적절한 시기에 수확한다. 이것이 제대로 된 주식투자의 프로세스다. 그 외의 그 어떤 테크닉도 투자의 성공과는 무관하다고 할 만큼 의미가 없다.

우선 매일같이 내 삶과 생활에 윤택함을 안겨주는 업종에 주목

한다. 그 안에서 지배적인 기업을 찾는다. 때로는 제품이나 서비스를 통해 기업을 발견할 때도 있다.

그런 기업을 발견하면 우선 소액을 들여 주식을 매수한다. 절대 한꺼번에 덜컥 사지 않는다. 매수를 하기 전에는 기본적인 숫자들을 확인한다. 시가총액, 매출액, 이익, 현금흐름 등을 살핀다. 밸류에이션(시장 평가) 대비 실적, 자산과 부채, 자본 현황 등을 파악하는 것은 당연한 수순이다. 그런데 이것은 기초 정보에 불과하다. 내가 심고자 하는 씨앗(회사)을 제대로 파악하려면 더 많은 과정과 시간이 필요하다. 기업을 본격적으로 공부하기 전에 주식을 먼저 사두는 이유는 그래야 제대로 관심을 기울일 수 있기 때문이다. 돈 가는 곳에 마음이 간다고 할까? 내 경우는 주식을 매입해둔 기업의 주가가 떨어지면 오히려 공부가 더 잘 된다.

주식을 소량 매입한 후부터 더욱 길고 끈질긴 공부가 시작된다. 해당 기업을 탐방하기도 하고, 주식 담당자(주담)와 통화를 하거나 그 기업을 알 만한 외부인사들을 찾아 자문을 구한다. 경쟁사에 연락해 묻기도 하고 애널리스트나 펀드매니저들에게 평가를 해달라고 부탁하기도 한다. 내가 고르는 회사들은 언론이 주목하지 않고 증권사 분석 리포트가 커버하지 않는 기업들이 다수다. 많은 경우 직접 발로 뛰는 수밖에 없다. 자산을 정확히 파악하기 위해 등기부등본을 떼어보거나 회사 소유의 토지나 부동산 등을 찾아 현장 탐방을 하는 경우도 많다. 부동산 사무소나 주변 식당 등을 돌아다니며 평판을 묻기도 한다.

이렇듯 기업 공부를 하면서 짧게는 2~3년, 길게는 4~5년 동안 내가 투자할 회사를 입체적으로 살펴보며 주시한다. 이 기간 동안에 투자해도 되겠다는 판단이 들기 시작하면 투자액을 서서히 늘려간다. 반대로 아니다 싶으면 바로 투자를 철회한다. 투자액을 늘려가다가 정말 좋은 기업이라는 확신이 들면 그때는 투자 금액을 대폭 늘린다. 물론 이후로도 꾸준히 관찰하고 소통하는 것을 게을리하지 않는다. 내가 투자한 회사가 예상대로 이익이 좋아지면서 예측했던 수준까지 성장하면, 애초에 내가 세워두었던 목표 주가를 기준으로 매도를 함으로써 투자의 사이클을 마감한다.

각각의 세부 케이스로 들어가면 디테일은 훨씬 더 복잡하고 다양하다. 하지만 대체로 이것이 주식 농부의 투자 사이클이다.

전체 사이클이 평균 4~5년 정도 된다. 가치가 꾸준히 상승할 것이라고 예상하거나 투자의 당위성과 필요성이 큰 기업은 10년 이상 보유하기도 한다. 이렇듯 나의 투자 기간은 상대적으로 긴 편이다.

어려울 때 돕는다는 생각으로 사고, 이익은 나눈다는 생각으로 팔아라

초겨울이면 농가의 감나무에는 따지 않은 감들이 여럿 남아 있다. 조상들은 그걸 까치밥이라고 불렀다. 소출이 풍성한 계절에는 굶주린 짐승들이 없도록 어디든 조금씩 남겨둔다. 공생하는 것이 오래 두루 행복하게 사는 비결임을 알기에 오랜 세월 그렇게 해 온 것이다.

주식투자를 매매의 관점에서 보지 않는다고 여러 차례 강조했다. 하지만 투자를 시작하고 마무리할 때는 어쩔 수 없이 매매를 한다. 그럴 때는 가급적 까치밥 정신처럼 나누는 마음으로 하려 한다. 내가 여유가 있어서 그렇게 하는 것이 아니다. 그것이 시장을 더 건강하게 하고 더 많은 이들과 수익을 나눔으로써 상생을 도모하는 길이라 생각하기 때문이다.

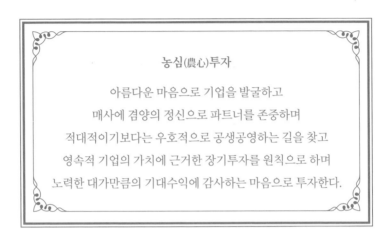

농심(農心)투자

아름다운 마음으로 기업을 발굴하고
매사에 겸양의 정신으로 파트너를 존중하며
적대적이기보다는 우호적으로 공생공영하는 길을 찾고
영속적 기업의 가치에 근거한 장기투자를 원칙으로 하며
노력한 대가만큼의 기대수익에 감사하는 마음으로 투자한다.

농부처럼 투자하는 나는 2~3년 정도 기업을 충분히 공부한 뒤에 투자한다. 따라서 살 때부터 그 기업의 적정 목표주가를 미리 설정해둔다. 그리고 그 가격에 도달하면 매도한다. 기업의 전망이 더 긍정적으로 바뀌었다면 더 보유한다. 기업에 계속 투자할지 말지를 결정하는 것은 어디까지나 기업의 성장성이지 주가의 등락이 아니다. 어떤 경우 내가 생각했던 기준보다 주가가 짧은 기간에 너무 많이 오르면 투기 정서가 개입되었다고 생각해 매도하기도 한다.

때로 주가가 계속 제자리걸음을 하는 것도 좋다. 꾸준히 분할 매수하면서 공부를 병행하며 확신을 다진다. 주가가 잘 움직이지 않으면서 좀처럼 매도 물량이 잘 나오지 않는 기업은 주식을 사는 데도 그만큼 시간이 많이 걸린다. 그럴 때는 기준가보다 조금 더 높게 매수하기도 한다. 도와준다는 심정으로 떨어졌을 때 사주고, 더 싸게 사려고 기를 쓰지 않는다. 매도하는 사람의 입장을 생각해 조금 더 주고 산다.

투자해둔 기업이 내 예상대로 성장해서 주가가 그와 발맞춰 올라온다. 그럴 때는 정수리나 어깨라고 생각하는 시점보다 조금 더 빨리 매도하기도 한다. 공부해뒀던 다른 저평가된 기업에 투자하기 위해 자금을 이동시켜야 할 수도 있다. 어떤 경우라도 정수리까지 다 취하겠다는 생각은 하지 않는다. 내가 정수리에서 판다는 것은 누군가는 높은 가격에 사서 물린다는 뜻이다.

누군가가 비싼 값에 주식을 사서 이후로 손해를 보게 된다면 결코 좋은 일이 아니다. 그렇게 누군가에게 당했다고 피해의식을 느낀 사람은 주식투자를 비정한 투전판으로 여기고 시장을 떠나 다시는 돌아오지 않을 것이다. 나도 수익을 얻지만 다른 이와도 수익을 나누며 배려해야 한다. 그렇게 해서 시장 전체가 활성화되고 주식투자가 바람직하고 자랑스럽다는 인식이 퍼지면, 기업을 위해 자금을 대려는 이들이 더욱 많아질 것이다. 바람직한 투자문화의 선순환으로 이어지는 것이다.

남의 밭 때문에
내 밭을 망치지 마라

주식투자를 하면서 가장 경계해야 할 것 중 하나가 마음의 동요다. 탐욕과 공포, 질투와 시기심 같은 것이 수시로 습격해온다. 그래서일까? 많은 이들이 주식투자의 8할은 마음 다스리기라고 강조한다. 차분함을 유지하면서 애초에 정해둔 원칙과 계획에 따라 행동하는 습관이 필요하다. 농부처럼 투자한다는 것은 매일 정해진 일과를 반복하면서 감정이 동요되지 않고 계획한 대로 묵묵히 행하는 것이다.

차분히 공부를 하면서 기업의 본질가치를 제대로 파악하면, 일시적인 변수에 의한 주가의 상승과 하락에 크게 개의치 않게 된다. 그런데 많은 투자자들이 그렇게 하지 못한다. 주가가 몇 달씩

횡보하며 지지부진하면 우리 마음은 어떻게 되는가? 매수할 때 들었던 기업에 대한 확신이 점차 줄어든다. 심지어 차분히 기다리지 못하고 초조함에 팔아버린다. 주가가 떨어지면 더 문제다. '뭔가 잘못됐다' 싶어 덜컥 불안해진다. 다시 한번 들여다봐도 아무런 문제가 없다. 단순히 수급이나 외적 변수에 의한 하락이라면 오히려 저가에 더 매수할 수 있는 기회로 여겨야 하는데 그게 쉽지 않다.

시기와 질투 역시 주식투자에서 많이 경험하는 감정이다. 투자에서는 어쩔 수 없이 집중과 포기의 미학이 작동해야 한다. 내가 선택한 것이 있으면 선택하지 않은 것이 더 많다. 모든 것을 다 취할 수는 없다. 그런데 내가 투자한 종목은 그대로 있거나 심지어 하락하는데, 옆의 다른 종목은 연일 큰 폭으로 상승한다. 심지어 상한가를 치며 올라간다. 그러면 멈춰 있는 내 종목을 팔고 잠깐 그쪽으로 넘어가고 싶은 마음이 든다. 거기서 수익 실현을 해 더 큰 자금을 만들어오면 된다는 유혹이다. 그런데 상한가를 치는 종목에 대해서는 공부가 되어 있지 않다. 대개 그런 종목은 테마, 즉 일시적인 루머나 정치·사회 이슈, 심지어 작전에 의해 움직이는 것들이다. 애초에 돈을 벌려고 매수했지만 어찌 된 일인지 내가 산 다음부터 주가는 떨어지기 시작하고, 어느새 손절도 하지 못한 채 물리고 만다.

깊이 생각해보면 시기심이나 질투라는 감정은 자기를 채찍질하는 좋은 심적 동기가 되기도 한다. 문제는 이 감정은 장악력이 매우 강해서 일단 사로잡히고 나면 이성적 사고력이 잠식되기 쉽다는 것이다.

● **상대적 박탈감에서 시작한**
주식투자는 성공하기 힘들다

오랫동안 주식시장을 가만히 보고 있으면 흥미로운 현상이 보인다. 많은 이들이 마치 신조나 되는 듯이 '내 인생에 절대 주식투자는 없다!'고 외친다. 그런데 이렇듯 꿈쩍도 않던 사람들도 주가지수가 고점을 뚫었다는 소식을 들으면 부랴부랴 계좌를 개설한다. 평소에는 쳐다보지도 않던 신규 상장 종목 청약에 열을 올리기도 한다.

포모(Fomo, Fear of Missing Out) 증후군이라는 것이 있다. 나만 흐름을 놓치고 있는 것 같은 심각한 고립 공포감을 뜻한다. '다른 사람들은 다 돈을 버는데 나만 뒤처지고 있는 것 같은' 시기 질투의 감정이다. 그런데 이런 상대적 박탈감에 이끌려 투자를 시작하면 제대로 된 투자가 될 리 없다. 절약해서 꾸준히 투자하기보다는, 뒤처진 시간을 보상받고 싶다는 듯 단기간에 높은 수익률을 바라기 때문이다. 그래서 몇 개월 내에 몇 배씩 오른다는 복권형 주식이나 소위 테마주 투자에 혹하게 된다. 물론 시장에서 엄청난 수익률을 거두는 일이 전혀 없는 것은 아니다. 나도 그런 소문을 익히 들었다. 그런 종목이 있으니 투자하라는 제안도 수없이 들어온다. 하지만 그런 수익률을 '꾸준히' 냈다는 사람은 본 적이 없다.

주식투자를 시작하고 나서도 박탈감은 계속된다. HTS를 켜면 '관심종목'이 있다. 여기저기 들은 소문, 정보, 소식에 따라 종목을 포함시키다 보면 50~100개는 금세 찬다. 장이 열리고 관심종목 창을 들여다보면 이상하게 내가 사지 않은 종목만 잘 오르고 있는 것 같다. 개중에 상한가라도 나오면 피가 빨리 돌기 시작한다. 박탈감이 작동해 재빨리 보유종목을 팔아치우고 잘 올라가는 다른 것으로 옮겨간다. 그런데 이상하다. 주식에 눈이 달렸는지 이번에는 팔아버린 종목이 올라가고, 새로 산 종목의 주가는 떨어진다. 실제로는 박탈감을 느끼는 뇌가 저지르는 교묘한 속임수일 뿐이다. 실제로 다른 종목도 오르고 내리기를 반복하는데, 감정에 사로잡힌 눈에는 연일 오르는 것처럼 느껴질 뿐이다.

감정에 휘둘리지 않기 위해서 자기만의 충분한 준비 태세와 공부, 멘탈 관리가 필요하다. 그중에서도 기록과 반성은 여러모로 투자자에게 필요한 덕목이다. 우리 안에는 불안과 탐욕, 질투와 시기라는 감정의 괴물이 산다. 정신을 바짝 차리지 않으면 그 괴물들이 마구 자라나서 우리 마음을 피폐하게 만든다. 그래서 주식투자에서 꼭 필요한 것은 바로 '담대한 마음'이다. 담대하다는 것은 호기로운 것과는 다르다. 불안과 탐욕, 질투와 시기를 이길 수 있을 만큼 굳건하게 중심이 잡힌 마음가짐을 유지하는 것을 말한다.

얼마나 흔들리기 쉬운가. 또 자꾸만 흔들리다가 투자가 아닌 눈먼 투기의 세계로 빠지기가 얼마나 쉬운가. 자산을 늘리고 부자가 되기 위해 시작한 투자인데, 오히려 어렵사리 모은 돈을 날리고 커다란 후회만 남는다. 그렇게 되지 않기 위해서라도 원칙을 지키며 투자해야 한다.

실패하지 않는
주식투자를 하려면

주식농부로 투자해오며 결론지은 '실패하지 않는 주식투자의 3요소'는 매우 분명하다.

첫째, 자신이 투자한 기업을 자기 회사라고 여기는 주인정신이 있어야 한다. 그래야 어려울 때 투자할 수 있는 담대함이 생겨난다. 또한 조금 오르고 내린다고 흥분하거나 두려워하지 않고 기업의 저력만 바라보는 신념을 가질 수 있다.

편리한 매매 도구 덕에 손가락만 움직이면 주식을 쉽게 사고팔 수 있다. 그래서인지 자신만의 확실한 기준을 갖지 못하면 뇌동 매매에 휘말릴 수밖에 없다. 또한 주가를 자기 편의대로 움직이고 싶어 하는 소위 세력의 병졸로 이용되기 십상이다.

우리는 볼펜 한 자루를 사더라도 어느 브랜드가 좋은지 비교해보고 가격이 적절한지 살펴보고 잘 나오는지 시범 삼아 써보기도 한다. 가전제품이나 자동차, 부동산을 구매할 때도 온라인 오프라인 할 것 없이 여러 곳에 들러 정보를 취합하고 다양한 제품을 체험하거나 시승해보는 등 발품을 판다.

그런데 유독 주식을 살 때만 충동적이고 무모해진다. 단편적인 정보만으로도 손쉽게 매수 버튼을 누른다. 투자의 책임은 누구에게 있을까? 당연히 투자자 본인에게 있다. 모든 것이 자신의 선택이다. 자신이 선택해놓고서 누구에게 속았느니 당했느니 하소연해선 곤란하다.

둘째, 자신이 투자한 회사와 끊임없이 동행하고 소통해야 한다.

시간에 투자하라고 했다고 해서 매수하고 무작정 묵혀놓는 것은 제대로 된 투자가 아니다. 회사와 소통하며 점검하는 과정이 필요하다. 기업이 운영되는 전반을 파악하고 혹시나 닥칠지 모를 리스크에 대비해야 한다.

주식투자는 한 기업의 경영자가 되어 참여하는 것이나 다름없다. 그러니 자신이 경영하는 회사와 소통하며 회사가 나아가야 할 방향에 대해 생각해보고 논의하는 것은 당연한 일이다. 이렇듯 투자한 기업과 소통하다 보면 투자자의 역량도 점차 강화되어 앞으로의 성공 가능성을 높여준다.

투자한 기업과 소통하는 방법은 매우 많다. 시장조사 데이터나

업계 정보지 등을 통해 주변을 넓게 훑어본다. 경쟁사를 통해 내가 투자한 기업의 지배력이 잘 유지되고 있는지 재확인한다. 경쟁업체로부터 나온 정보는 매우 유용하다. 맹렬히 추격하는 2등 업체는 1등 회사의 강점과 약점을 더 확실히 파악하고 있는 경우가 많다. 자주 접촉하고 수시로 관련 자료를 들여다보며 기업 현황을 파악하는 것도 매우 중요하다. 투자한 기업과 동행하는 투자자로서의 기본 태세인 동시에, 투자의 기간을 조율하는 매우 중요한 프로세스다.

셋째, 여윳돈으로 시간을 두고 투자해야 한다.

기업의 성장주기에 투자한다는 것은 짧게는 2~3년, 길게는 5년 이상 자금이 묶이게 된다는 의미다. 묶인다는 말이 부정적으로 들릴지 모르지만, 시간이 투입되어야 비로소 자신이 원하는 수익을 달성할 수 있다는 뜻이다.

여윳돈이 아닌 급하게 써야 할 돈 혹은 빚을 내어 투자를 하게 되면 손실을 보고 있을 때 공포감이 더 커진다. 원하는 수익을 달성하지 못했을 때 느끼는 심적 압박감도 더 커진다. 주가는 결국 기업의 성과와 동조화를 이룬다. 결국 기업의 성과에 수렴한다. 그러나 무수히 많은 사람들이 참여하는 주식시장의 특성상 모든 종목이 골고루 사람들의 관심을 끌지는 못한다.

기업이 열심히 노력해서 가시적인 성과를 달성하는 데도 시간이 걸린다. 올라간 기업가치가 주가에 반영되는 데도 시간이 필요하다. 그사이 잡음과 윤색이 덧붙여지며 주가는 상하 진동을 그린다. 투자자들의 심리와 그로 인한 수급도 주가에 영향을 미친다. 이런 변수를 극복하며 주가가 기업가치와 만나려면 절대적으로 시간이 필요하다.

투자를 시작할 목돈을 모으기 힘들다고 하는 이들도 많다. 처음 종잣돈을 마련하려면 어느 정도 허리띠를 졸라매야 한다. 투자할 돈부터 떼어놓고 생활해야 한다. 쓰면 없어지지만 투자하면 늘어난다. 농부는 아무리 배가 고파도 씨감자를 먹지 않는다. 씨감자 한 포대로 당장 몇 끼의 허기를 채우고 나면, 이듬해 농사를 지어 얻게 될 수십 수백 포대의 결실을 포기해야 한다. 종잣돈도 이와 같다. 아끼면 어디서든 돈을 모을 틈새는 있다.

나는 이왕이면 누구나 평생 1개 기업의 대주주가 되겠다는 목표를 세운다면 좋겠다고 생각한다. 시가총액 1,000억 원의 기업이라면 5퍼센트 이상 지분을 소유하기 위해서 50억 원이 필요하다. 엄청난 액수이고 절대 불가능할 것 같지만 그렇지 않다. 꾸준히 성장하고 배당을 주는 기업을 공부하면서 성장주기 사이클에 투자하면, 복리의 마법을 누릴 수 있다.

나도 처음 30억 원 정도가 모이기까지는 하루가 어떻게 돌아가는지 모를 정도로 분주하고 맹렬하게 살았다. 그런데 그 이후로는 돈이 모이는 규모가 달라지기 시작했다. 눈사람을 만들 때 처음에는 눈을 뭉치고 굴려서 어느 정도 크기가 되기까지는 힘이 든다. 하지만 눈덩이가 커지면 몇 번 굴리는 것만으로도 금세 더 커진다. 스노우볼(snowball) 효과다. 물론 도중에 몇 번 삐끗하면 노력이 수포로 돌아간다. 그러기에 더 열심히 공부하고 치열하게 연구하면서 투자해야 한다.

만약 향후 10년 동안 주식시장이 문을 닫는다고 해도
기쁜 마음으로 보유할 기업의 주식을 찾아 매수하고 보유하라.
그들이 언제나 수익을 만들어줄 것이다.

- 워런 버핏 Warren Buffett

Commandment

09

투자 기회는 항상 있다

투자자는 항상 갑(甲)이다, 2,400개 기업이 내 선택을 기다린다

나는 전업투자자가 된 이래 많을 때는 80여 개, 적을 때는 20여 개 기업에 꾸준히 투자해왔다. 10년 이상 동행해온 기업도 여럿 있다. 산업 유형도 다양하다.

사람들은 내게 '투자할 기업을 어떻게 고르냐?'고 묻는다. 나는 농담 삼아 이렇게 말하곤 한다. "나는 돈이 보입니다. 그 길을 따라갈 뿐입니다." 기업을 공부하고 오래 관찰하면 그 회사가 2년, 5년, 10년 후에 어떻게 변할지가 보인다. 기업만이 아니다. 사람도 그렇다. 현재의 모습과 태도를 잘 관찰하면, 크게 될 사람인지 아닐지 간파할 수 있다. 이것이 투자자의 혜안이고 선구안이다. 사물을 면밀히 관찰하면 반드시 답이 나온다. 주식투자는 발견의

미학이고 시간이 돈이 되는 인내의 미학이다. 잠재력이 있는 기업을 찾아서 길게 투자하면, 기업이 성장하고 그 결과로 성과를 나눠준다. 그러니 돈이 보인다고 할 수밖에 없다.

30년 넘게 투자를 해오니 기업을 하나의 온전한 덩어리로 바라볼 수 있게 되었다. 예전에는 매출과 영업이익 추이, 자산 관련 사항, 사업보고서나 재무제표 등을 개별적으로 분석하듯 공부했다. 물론 지금도 그런 지표를 면밀히 살펴본다. 그런데 연륜이 쌓이면서 그런 단편적 정보들이 모여 기업이 앞으로 어떻게 커갈지 전체적인 그림이 그려진다. 흔히 주식투자를 미인대회에 비유한다. 나만 좋게 본다고 주가가 올라가는 것이 아니다. 여러 사람이 어떻게 보고 느끼는지도 중요하다. 나의 시각과 다른 사람들의 시각을 녹이고, 현재의 모습과 미래의 모습을 입체적으로 조망한다. 이제는 예전처럼 창업주나 지배주주 몇몇이 자기만의 구중궁궐을 만들어서는 살아남기 힘들다. 세상의 흐름과 함께 성장해갈 기업을 찾아야 한다. 현재 잘나가는 기업들 중에서도 옥석이 가려질 것이다. 현실에 안주하는 기업과 과감히 도전하는 기업의 성적표가 달라질 것이다.

나는 최근에 CJ제일제당, 오리온, 농심, KT&G 등 글로벌 시장으로 확장해갈 K푸드 기업에 투자하기 시작했다. 다행히 주가가 많이 오르지 않아서 꾸준히 편입하고 있다. 내가 목표하는 만큼 충분히 담고 난 다음에 주가가 올라야 기분이 좋다. 인지상정이다. 남들이 모르거나 주목하지 않는 기업에 투자하기 때문에, 1년 이상 주가가 거의 변동 없이 제자리걸음인 경우도 많다. 내 예상 대로 차근차근 실적이 나오고 어느새 시장이 주목하면서 주가가 올라간다. 그럴 때에는 짜릿한 희열이 느껴진다. 돈을 벌어서만이 아니다. 내가 빚은 도자기나 내가 작곡한 심포니가 대중의 갈채를 받은 것처럼 가슴이 벅차고 자랑스럽다.

배당 시즌이 되면 투자한 기업들이 한 해 동안 벌어들인 이익을 결산하고 배당을 지급한다. 투자 비중이 큰 만큼 배당금 액수도 크다. 배당을 받을 때는 저절로 배가 부른 느낌이 든다. 이것이 주식투자의 결실이며 행복이다. 매일 주가 흐름에 따라 주식을 사고파는 투자자는 느끼기 힘든 기쁨이다.

당신 앞에 2,400여 개 기업(코스피, 코스닥, 코넥스 포함)이 '나 좀 봐 주세요~!' 하고 손짓하고 있다. 기회가 2,400개만큼 있는 셈 이다. 얼마든지 크게 성장할 수 있는데 일시적인 어려움으로 고전하는 기업도 있다. 겉으론 안 보이지만 임직원 모두 밤낮으로 노력해온 힘이 가득 응축된 회사도 있다. 이내 곧 가능성이 폭발해 결실로 이어질 것이다. 아직 기세가 미미하지만 상상력과 미래 청사진으로 세계 최고가 되겠다는 야심에 찬 기업도 있다.

그들을 더 알고 싶지 않은가? 그들과 미래를 함께하고 싶지 않은가? 그들의 손을 잡아 당겨주고 등 뒤에서 힘을 보태 밀어주고 싶지 않은가? 그러고 싶은 기업 3~4개만 찾으면 된다. 그러면 오랜 세월에 걸쳐 행복감, 만족감, 경제적 풍요까지 맛볼 수 있다. 마다할 이유가 없는 좋은 기회다.

자신이 잘 아는 기업부터 시작할 것을 추천한다. 기업의 생리와 움직임까지 예민하게 포착할 수 있다면 더 좋다. 그래서 최소한 마흔 이전까지는 자기가 일하는 회사에서 최선을 다해 일하길 권한다. 자기 업무에만 몰두하지 말고 경영자들이 어떻게 생각하고 행동하는지 배우면 좋다. 전문적인 경험과 식견을 쌓으면, 투자할 기업을 찾고 분석하고 공부하는 데도 도움이 된다.

한국 주식시장에서 코리아 디스카운트가 해소되고 있다. 나는 디스카운트를 넘어서 대한민국이라는 브랜드 덕에 각광받는 코리아 프리미엄 시대가 올 것이라 기대한다. 프리미엄 시대가 온다는 것은 대한민국 로컬 기업에 머물렀던 많은 회사들이 글로벌 기업으로 확장하게 된다는 의미다. 특히 투자를 다양하고 과감히 하는 기업들이 세계시장을 호령하게 될 것이다. 그렇게 되면 현재 많게는 40~50퍼센트 정도 저평가되어 있는 지주사들 역시 제대로 가치를 인정받게 될 것으로 본다.

물론 우리나라에서 지주사들이 저평가받는 데에는 일견 타당성이 있다. 많은 경우 지주사와 자회사가 동시에 상장되어 있다. 지주사 입장에서 돈이 되는 사업 분야가 있거나 자금이 필요할 때 사업부를 별도 분할해서 재상장함으로써 얼마든지 자금을 조달할 수 있다. 기업을 믿고 투자했더니 정작 알짜 사업부는 독립

시켜 별도 상장한다면 투자자 입장에서 장기적으로 투자하고 싶은 마음이 나겠는가? 이외에도 자회사 상장을 통해 대주주의 이익을 꾀하는 수많은 방법이 있지만 여기서 그것까지 다루지는 않겠다. 미국의 경우 알파벳(구글)이 자회사인 유튜브나 안드로이드를 분할 상장하지 않고 페이스북이 인스타그램을 분할 상장하지 않는다. 지주사든 사업회사든 모두가 벌어들인 성과가 하나로 모여 온전히 투자자에게 돌아온다. 관련 법규가 있는 것은 아니지만 자본시장의 불문율처럼 되어 있어 이를 지키지 않는 기업은 시장의 혹독한 평가를 피할 수 없다. 배당을 통해서 성과를 공유하는 문화가 정착되어 있지 않은 점도 지주사가 저평가받는 또다른 이유로 꼽힌다.

이러한 관행은 반드시 극복되어야 한다. 지주사 스스로 변신을 위해 노력해야 하고, 사회 지도층은 관련한 법과 제도도 정비해야 한다. 더불어 지주사가 플랫폼이 되어 다양한 투자 활동으로 사업 영역을 넓혀간다면, 성장주로서 새로운 평가를 받는 시기가 올 것이다. 삼성물산, SK, LG, CJ, 한화 등 대기업군의 지주사들뿐만 아니라, 중소기업이나 중견기업 중에서 사업 회사에 비해 대단히 저평가되어 있는 지주사들이 많다. 이들이 기존 관행을 극복하고 주주 환원 정책을 더 적극적으로 도입한다면 기업가치는 얼마든지 재평가받을 수 있다.

내가 2020년 말부터 본격적으로 투자를 시작한 아이디스홀딩스는 아이디스, 코텍, 빅솔론, 아이디피 등의 자회사를 보유하고 있으며 최근 KT파워텔도 인수하는 등 왕성하게 투자를 하는 중견 지주사다. 나는 이 회사에 조금 투자하다가 김영달 대표의 포부를 듣고 투자금을 대폭 늘렸다. 그는 장기적으로 회사를 키워서 배당을 통해 이익을 나누는 좋은 기업을 만드는 것이 꿈이라고 밝혔다. 투자한 사업회사들은 거의 대부분 부채가 없이 매년 안정적인 수익을 벌어들이는 분야별 유망 기업이다. 반면 지주사인 아이디스홀딩스는 부채가 꽤 많다. 벌어들인 돈을 사내유보금으로 쌓아두지 않고 적극적으로 투자하면서 투자 플랫폼으로서의 면모를 강화해가고 있다. 나는 이 회사와 대표의 계획을 믿고 이들에게 투자했다.

제약회사 중에서도 내가 오랫동안 유한양행에 지속적으로 투자하는 데에도 이런 배경이 작동한다. 이 회사는 30개 이상의 유망 파이프라인을 보유하고 있지만, 어느 것 하나 일절 분할 상장하지 않고 모든 성과가 오롯이 회사로 모이도록 기업 구조를 유지한다. 창업자인 유일한 박사의 철학에 따라 기업의 사회적 책임과 윤리적 기준에 입각한 기업 활동을 펼치기 위해 노력한다. 그가 세운 올곧은 기업 경영 철학은 ESG 시대와도 들어맞는 선구자적 지표였다.

증권시장이 지배주주의 자금 조달 수단으로 전락하는 것을 계속 방치해서는 곤란하다. 누가 시켜주지도 않겠지만 마음 같아서는 내가 경제 부총리라도 되어 이런 관행을 뿌리부터 바꾸고 싶다. 법과 제도가 아무리 지배주주에게 유리하게 되어 있다고 해도, 앞으로는 기업들 스스로가 그것을 변화시킬 용기를 발휘해야 한다. 그래야만 지속적인 성장이 가능하고 글로벌 시장에서도 제대로 된 평가를 받을 수 있다.

대형 지주사 중에서 내가 투자가치가 높은 기업으로 꼽는 삼성물산만 해도 건설, 상사, 에버랜드와 골프장을 포함한 레저, 패션, 식자재 등을 두루 갖춘 종합 기업이다. 삼성전자와 삼성바이오로직스 지분가치만 약 50조 원에 이른다. 그런데도 시가총액이 25조 원에 불과하다.

2021년 현재 시가총액 상위에 있는 카카오, NAVER 등의 플랫폼 기업들이 높은 성장세를 보인다. 사용자 플랫폼인 동시에 투자 플랫폼이기 때문이다. 이들은 플랫폼이라는 창구를 통해 돈을 벌어들일 파이프라인을 무한히 만들어낸다. 고객과의 접점을 확보하고 있기 때문에, 그것을 바탕으로 수익 모델을 계속 창조해낸다. 앞으로도 그런 기업이 돈을 잘 벌고 세상을 지배하게 될 것이다. 미국의 FAANG(Facebook, Amazon, Apple, Netflix, Google)도 플랫폼 기업이다.

그런데 이러한 플랫폼이 온라인에만 있는 것이 아니다. 앞으로는 지주사들이 투자 플랫폼 기업으로 변신할 것이다. 모회사가 벌어들이는 이익으로 다양한 산업과 시장에서 돈을 벌 기회를 포착한다. 그 분야에서 발군은 SK다. 하이닉스를 적시에 인수했고 수소전지 기업 플러그파워, 동남아판 우버에 해당하는 그랩, 의료 영상진단 기술기업 나녹스 등 첨단산업에 지속적으로 투자한다.

ESG(Environment, Social, Governance) 기준이 강화되는 추세는 앞으로 기업들의 빠른 변신을 요구한다. 탄소 발생을 저감시키는 친환경 행보, 사회적 책임을 다하는 공기(公器) 역할, 지배구조 상의 투명성 제고 등이 기업 성패를 좌우하는 결정적 평가요소로 부상할 것이다. 특히 지배구조 이슈는 한국 기업이 넘어야 할 큰 산이다. 기업 승계, 복잡한 지배구조, 일감 몰아주기 등 지배주주 편의 위주의 경영 행태를 개선해야 한다. 아울러 배당을 포함한 주주가치 제고에 힘써야 한다. 투자자 입장에서는 투자환경이 개선되므로 쌍수를 들고 환영할 일이다.

삼성은 큰 산 하나를 겨우 넘었다. 기업 승계 과정에서 있었던 불미스러운 일은 1등 기업 삼성이 빨리 벗어야 할 과제다. 고배당을 유지하면서 명예롭게 상속세를 내고 자랑스러운 국민 기업으로 거듭나야 할 것이다.

현대차와 기아가 세계시장에서 약진 중이다. 지금까지 현대차와 기아가 글로벌 시장점유율 5위의 완성차 기업으로 성장할 수 있었던 데는 현대모비스의 역할이 컸다. 본래 현대그룹의 성형 사출업체이던 현대정공이 현대차 그룹으로 소속을 바꾸면서 바뀐 사명이다. 기아까지 인수하면서 모든 부품 생산을 일원화하고 투자와 생산 규모를 키워야 했다. 이 역할을 현대모비스가 맡았다. 2000년에 비해 2019년에는 총자산 46조 원으로 19배 성장했다. 매출액은 38조 원으로 20배, 영업이익은 2조 3,000억 원으로 11배가 뛰었다. 국내에서는 현대모비스와 경쟁할 자동차 부품 기업은 없다고 봐야 한다. 국가 정책 산업으로 다른 나라 엔진을 가져다가 모방하며 시작한 자동차 산업이었다. 그런데 이제 세계 5위권으로 부상하며 고급차로 세계시장에 인식되기 시작했다. 또한 수소차, 전기차로의 변신도 발 빠르게 진행하고 있다. 또한 자동차 제조 기업에서 미래 모빌리티 솔루션 기업으로 변신을 꾀하면서, 앞으로는 하드웨어 못지않게 소프트웨어의 중요성이 커질 것으로 보인다. 나는 이 영역을 책임지는 현대오토에버에 주목하고 일찌감치 투자를 시작했다. 출자회사에 일감과 기술력, 사람을 몰아줌으로써 지배주주의 이해관계에 도움이 되도록 하는 것은 대기업의 어쩔 수 없는 속성이다. 이를 감안하면서 회사 미래의 중심추가 어디로 움직일지를 가늠해보는 것도 투자의 관점 중 하나다.

KCC는 선대 회장 작고 후에 KCC, KCC글라스, KCC건설로 계열분리 되었다. 이들은 대표적인 내수기업으로 건자재, 유리, 건축 소재 등을 판매해왔다. 글로벌 시장 진출을 위해 실리콘 분야 세계 2위 업체인 미국의 모멘티브를 큰돈을 들여 인수했다. 당시에는 무모한 투자라는 평가와 함께 주가가 많이 하락했다. 2017

년 30만~40만 원 정도 하던 주가가 2020년 중반 15만 원으로 코로나 이전보다 더 떨어졌다. 흥미롭게도 그 시기에 상속증여가 이루어졌다. KCC의 경우 투자한 기업들(삼성물산, 한국해양조선, 현대모비스 등)의 성과도 좋고 자회사 중에도 알짜 회사가 많다. 또한 대주주 지분과 보유 자사주가 많아 유동주식이 적기 때문에, 성장성이 뒷받침되면 주가는 상당 폭 오를 수 있다. 특히 실리콘 소재는 첨단 전방산업에도 다 쓰이기 때문에 전망도 좋다. 상속증여도 모두 마무리되었기 때문에 불확실성이 어느 정도 해소되었다 할 수 있다. 앞으로는 배당을 더 많이 주면서 기업가치를 올려야 더 큰 기업으로 성장할 수 있을 것이다.

사실 주식투자를 하면서 이런 개별 기업의 속사정까지 세밀히 살펴야 한다는 것은 서글픈 일이다. 단순히 기업의 성장 사이클만 봐서는 안 되는 것이 한국 주식시장의 현실이다. 일반인들은 이런 기업 내막까지 속속들이 알기가 어렵다. 하지만 몇 개의 기업에 대해 깊이 공부하고 동행하면 기업의 흐름을 충분히 파악할 수 있다.

2008년
Top 10 기업과
2021년 Top 10 기업

나는 2021년 1월 코스피 지수가 3,000포인트를 돌파하기 시작할 무렵부터 꾸준히 지수 상승을 예측해왔다. '지수 3,000은 시작에 불과하다'고 주장해온 것이다. 세간에는 시장을 비관적으로 보는 관점도 적지 않다. 주가 2,000선에서 10년을 머물렀으니, 지수가 오르는 게 오히려 이상하다는 생각이 들지도 모른다. 코로나 팬데믹으로 인한 유동성 증가로 일시적으로 오른 것일 뿐 거품이라는 주장도 있다. 그런데 언젠가부터 지수 3,000포인트는 기준선이 되어버렸다. 2021년 5월 현재 주가가 3,000포인트 밑으로 내려갈 것이라고 보는 사람은 거의 없다. 거품이라고 주장하던 이들도 기업들의 실적이 좋아지고 지수가 꾸준히 오르자,

그 소리가 쏙 들어갔다.

한국 증시가 성장하는 이유는 간단하다. 경쟁력 있는 기업들이 너무도 많고, 그들이 치열하게 노력하며 성장하기 때문이다. 자본시장을 바라보는 국민들의 시선과 참여도도 많이 달라졌다. 이제는 많은 이들이 '인생에서 주식투자는 필수'라고 생각한다.

과거로 거슬러 올라가 볼까? 한강의 기적이라 불리는 한국 산업의 발전 속도만큼이나 한국 주식시장도 변화를 거듭해왔다. 일제 때 이미 주식시장의 원형이라고 할 수 있는 모습이 나타난다. 하지만 현대적인 의미의 증권거래소는 1956년 3월 명동에서 처음 개장되었다. 최초의 주식은 조흥은행 등 은행과 증권사, 경성전기, 경성방직, 조선운수 등을 포함해 12개 종목에 불과했다. 이후 박정희 정부가 산업 육성 차원으로 기업들의 증시 상장을 적극 권장했다. 1970년대 중반 상장사가 100개 이상으로 늘어났고, 본격적인 주식시장이 형성되었다. 하지만 이때만 해도 외국인은 국내 증시에 투자할 수 없었다.

1985년부터 한국 증시는 유가, 금리, 달러 3저(低) 호황에 힘입어 활황을 맞았다. 1985년 말 163포인트이던 종합주가지수는 1989년 3월에 처음으로 1,000포인트를 돌파했다. 증권사 직원은 최고의 신랑감으로 꼽히며 인기를 누렸다. 그러나 1989년 하반기부터 폭락한 증시는 1990년 9월 560포인트로 곤두박질친다. 이때 처음으로 신용 융자를 얻어 투자했던 개인투자자들이

보유주식을 전부 처분해도 빚을 갚지 못하는 이른바 '깡통계좌'
라는 개념이 등장했다. 실제 많은 투자자들이 이때 큰 손해를 보
고 증시를 떠났다. 1999년 벤처 붐으로 급등했던 코스닥 주가가
2000년에는 다시 급락하면서 투자자들이 대거 손실을 보는 수난
을 겪기도 했다.

그렇다면 증시에서 시대별로 어떤 업종이 각광을 받았을까?
1970년대는 개발경제 시대였기 때문에, 현대건설, 대림산업, 한
일개발 등 건설업종이 증시를 주도했다. 1980년대에는 수출업이
주력산업으로 부각되면서, 현대자동차, 삼성전자, 유공, 금성, 대
우중공업 등이 각광을 받았다. 1990년대에는 한일은행, 제일은
행, 상업은행, 대신증권, 대우증권, 동서증권 등 금융 업종, 2000
년대에는 현대중공업, 대우조선, 삼성중공업, 두산중공업 등 조
선·기계 업종이 인기를 구가했다.

1992년 1월에 처음으로 외국인 주식투자가 허용되면서 기업
들의 경영 성적과 재무 투명성에 본격적으로 관심을 갖기 시작했
다. 선물 옵션 같은 금융기법이 도입되었고, 오늘날과 같은 과학
적 투자기법도 이때부터 일반화되기 시작했다. 외국인의 시가총
액 대비 보유 비중이 삽시간에 40퍼센트를 넘기며, 시장에서 이
들의 입김이 강해진 것도 이 무렵이다. 자본시장 개방 당시 주도
주는 건설, 금융, 무역이었는데, 외국인들은 태광산업, 한국이동
통신, 신영, 대한화섬 같은 저평가된 주식을 대거 쓸어 담았다. 그

에 힘입어 이들 종목의 주가가 단기간에 5~10배까지 치솟았다.

어떤가? 간략하기는 하지만 지난 50여 년간 우리 주식시장이 어떻게 변천해왔는지 그림이 그려질 것이다. 짧다면 짧은 기간 동안 수많은 기업이 태동하고 성장하고 쇠퇴하고 명멸해갔다.

멀리까지 갈 필요도 없다. 2008년의 시가총액 10대 기업과 2021년 1월 말 기준 시가총액 10대 기업을 보면 삼성전자 하나만 빼고 모두 바뀌었다. 한국만이 아니다. 글로벌 기업도 마찬가지다. 과거 중후장대 산업이 차지했던 자리를 이제 반도체, 배터리, 바이오, 자동차, 플랫폼 기업들이 차지하고 있다. 세계 순위를 보아도 상위 7개가 플랫폼 기업이다. 10년이 조금 넘는 기간 동안 벌어진 일이다. 아마도 앞으로의 변화 속도는 더 빨라질 것이

글로벌 기업		한국 기업	
2008년 ⟶	2021년	2008년 ⟶	2021년
1위 페트로차이나	애플	1위 삼성전자	삼성전자
2위 엑슨모빌	아람코	2위 POSCO	SK하이닉스
3위 GE	마이크로소프트	3위 한국전력	LG화학
4위 중국이동통신	아마존	4위 SK텔레콤	NAVER
5위 마이크로소프트	알파벳(구글)	5위 현대중공업	삼성SDI
6위 중국공상은행	텐센트	6위 KB금융	삼성바이오로직스
7위 페트로브라스	테슬라	7위 신한지주	현대차
8위 로얄더치쉘	페이스북	8위 KT&G	셀트리온
9위 AT&T	알리바바	9위 LG전자	카카오
10위 P&G	TSMC	10위 KT	기아

다. 이전에는 존재하지도 않던 기업이 치고 올라올 수도 있다.

　이렇듯 짧다면 짧은 기간 동안 상위 기업들의 면면이 모두 바뀌었다는 것은 그만큼 투자자인 우리에게 기회가 널려 있다는 의미다. 혁신과 변화의 변곡점에서 살아가는 우리는 행운아들이다. 이제까지도 그랬지만 앞으로도 굉장한 기회가 수없이 찾아올 것이기 때문이다. 준비만 되어 있다면 누구라도 엄청난 부를 누릴 수 있다.

공부하면 할수록 기회의 문은 더 크게 열린다

우리나라 자산의 축이 이동하고 있다는 것은 자본시장을 더욱 긍정적으로 보게 하는 변화다. 혹자들은 팬데믹으로 인해 시중에 공급된 풍부한 유동성 때문에 증시 자금 유입이 늘었다고 분석한다. 하지만 내가 보기에는 그것만으로는 설명이 부족하다.

과거에는 고위 관료나 국회의원, 대학교수 같은 사회지도층들에게 주식투자에 대한 좋은 기억도 없었고 자본시장의 기능과 역할에 대한 인식도 별로 없었다. 이들이 정책, 제도, 인식 등을 제대로 유도하지 못하다 보니 외국인이나 기업인 등 플레이어 중심으로 자본시장이 운용되며 기울어진 운동장이 형성되었다.

그런데 금융지식으로 무장한 깨어 있는 개인들이 이런 판도를 바꾸어놓기 시작했다. 개인이 먼저 나서고 그 뒤를 자산가나 사회지도층들이 마지못해 따라가는 모양새다. 국민들의 관심이 많아지면서 제도와 법률도 개선되고 투자환경도 좋아질 것이라 기대한다.

무엇보다 한국에는 가치 대비 저평가된 기업들이 너무도 많다. 투자자로서 자금을 투입하고 싶은 기업들이 널려 있다. 그러므로 한국 주식시장에는 언제나 기회가 있다. 여전히 캐어낼 보석이 곳곳에 산재해 있다.

일례로 기업의 시장가치(EV, Enterprise Value)를 법인세·이자·감가상각비 차감 전 영업이익(EBITDA, Earnings Before Interest, Tax, Depreciation and Amortization)으로 나눈 지표가 있다. 이를 EV/EBITDA지표라고 하는데 이 기준으로 보면 한국 증시는 미국이나 유럽뿐 아니라 대만, 일본에 비해서도 30퍼센트 이상 저평가되어 있다.

게다가 한국의 기업들이 패스트 팔로어에서 퍼스트 무버로 변신하는 중이다. 과거 한국 기업의 저력은 근면하고 성실하게 1등을 잘 카피하는 데에서 발휘되었다. 그러나 이제 세계에서 아무도 하지 않은 것을 가장 먼저 해내는 데까지 도달했다.

열심히 달려오다 보니 제일 앞에 서게 된 것이다. 패스트 팔로어 기업이 다수였던 시대에 1등 기업은 자동차, 선박, 정유, 전자, 화학 등 중후장대 산업이었다. 2008년 시가총액 상위 기업들이다. 그러나 앞으로 퍼스트 무버 환경에서 1등 기업은 지식과 정보의 기반 위에서 첨단 하이테크 산업, 바이오 생명과학 산업, 새로운 운송수단과 항공우주 시대를 열어가는 산업 등을 영위하게 될 것이다.

우리는 인적 구조나 산업 구조, IT 인프라 등 모든 면에서 준비가 잘 되어 있는 강국이다. 우리가 스스로를 평가하는 것보다 실제 다른 선진국들이 우리에게서 찾아낸 진가는 더 높은 수준이다.

2021년 7월 아시아 리더십 컨퍼런스에 초청되어 그곳에 참석한 미국의 전·현직 의원이나 장관들과 대담을 나눈 적이 있다. 그들은 입에 침이 마르도록 우리의 모든 인프라가 세계 최고 수준이라고 극찬했다. 그 어느 나라보다 빨리 퍼스트 무버로 도약할 수 있는 여건이 잘 마련되어 있다. 거기에 한국인에게 내재되어 있는 특유의 열정, 흥, 끼 등 세계를 리드할 수 있는 체력도 충분하다.

플랫폼을 기반으로 한 문화콘텐츠 산업 역시 퍼스트 무버 기업이 다수 탄생할 만한 영역이다. 여기서 문화콘텐츠란 비단 엔터테인먼트나 웹툰, 게임 같은 전형적인 콘텐츠 분야만을 가리키는 것이 아니다.

'살아가는 스타일'과 관련된 모든 지적 생산품이 여기 포함된다. 먹는 것, 입는 것, 마시는 것에 스토리를 부여한다. 세계인을 사로잡는 쿨 하고 멋진 이미지를 창출해내야 한다. 전 세계 팬들이 BTS와 블랙핑크에 열광하듯이, 우리가 만드는 모든 생산품들이 전 세계 열광적인 팬들을 끌어모을 수 있다.

자본시장에서 투자자들의 선택을 받기 위해, 기업 역시 발 빠른 변신이 필요하다. 불투명한 지배구조를 개선하고 배당성향을 대폭 높여야 한다.

다행히도 2020년 한국 상장기업들의 배당성향은 전년에 비해 상당히 늘었다. 코스피 상장사의 배당 총액이 33조 280여억 원으로 전년도에 비해 57.4퍼센트 증가했다. 삼성전자의 현금 배당금 총액이 20조 3,380억 원으로 크게 높아진 데 힘입은 바 크지만, 이러한 경향은 앞으로 다른 회사들에도 확대되고 지속되어야 한다고 생각한다. 코스닥의 경우도 1조 7,547억 원으로 전년도보다 11.7퍼센트 늘었다. 대주주들도 급여 등의 명목이 아니라 배당을 통해서 기업의 성과를 공유하고자 해야 한다. 그래야만 투자환경이 좋아지고 더 많은 이들이 투자자로 나서게 됨으로써 전체 파이가 커질 수 있다.

금융당국 역시 소액주주들의 장기투자가 더욱 원활해질 수 있도록 정책 마련에 최선을 다해야 한다. 한가지 방편으로 대주주도 배당을 통해서 성과를 공유할 수 있는 환경을 만들어야 한다. 그래야만 일반 투자자들도 기업의 성과를 함께 공유할 수 있다. 그러기 위해서는 배당소득 분리과세를 확대하는 획기적인 정책이 필요하다. 박근혜 정부 시절 기업소득 환류세제와 가계소득 증대 차원으로 한시적으로 배당소득 분리과세를 기존 15.4퍼센트에서 9.9퍼센트로 낮추었다. 그 결과 기업의 배당성향이 높아지고 가계소득 증대에도 크게 기여했다. 당시에는 주식투자 인구가 적어 특정 집단을 위한 정책이라는 비난도 받았지만, 지금과 같이 온 국민이 주식투자를 하는 환경에서는 마치 재난지원금을 지급하는 것과 같은 효과를 발생시킬 수도 있다. 앞으로 배당을 연금 삼아 생활할 수 있는 투자환경이 만들어지려면 이런 파격적 조치가 좀 더 나와 줘야 한다.

나는 한국 종합주가지수 4,000포인트나 5,000포인트 시대도 먼 일이 아니라고 생각한다. 이른바 코리아 디스카운트는 한국 특유의 지정학적 문제, 낮은 배당성향, 불투명한 기업 지배구조, 자본시장에 대한 낮은 이해 등으로 인한 것이었다. 그런데 모든 요건이 다 변화되고 있다. 부동산에 편중되었던 자산이 자본시장으로 이동하고 있으며, 보험이나 예금을 깬 자금들이 주식시장으로 들어오고 있다. 단순한 유동성 확대가 아니라 수급의 균형추가 바뀌고 있는 것이다. 전통적으로 기관이나 외국인만 힘을 쓰던 시장에서 개인투자자들이 얼마든지 힘을 발휘할 수 있다. 수급의 균형추 이동으로 인해 한국 주식시장은 개인들의 참여가 더욱 활발해지는 선순환으로 들어설 것이다. 단기적으로 사고팔아서 수익을 얻으려는 흐름 대신 기업의 장기적인 성장을 위해 투자해주고 그로 인해 얻은 성과를 지속적으로 향유할 수 있는 투자문화가 자리 잡아야 한다. 그렇게 많은 개인투자자의 자금이 더 좋은 기업, 더 투명하게 경영되는 기업으로 흘러들어가는 풍토가 형성된다면 관련 법제도 및 증권시장의 환경 개선도 이어지게 될 것이다.

내가 인수하고 싶은 탐나는 기업에 투자하라

변화하는 시대, 투자할 기업을 어떻게 고를까?

어려울 것이 없다. 첫째, 내 자녀가 취업했으면 하는 좋은 기업을 고르면 된다. 자녀에게 공부 열심히 해서 좋은 회사에 취직하라고 잔소리한다. 그런데 그런 기업에 입사하는 게 쉽지 않다. 입사할 수 없다면 지분이라도 사서 주인이 되어야 한다.

둘째, 내가 돈이 있다면 인수하고 싶은 탐나는 기업을 고르면 된다. 그리고 1주를 사더라도 기업 전체를 인수한다는 생각으로 사야 한다.

우리는 하루에도 수없이 많은 기업과 조우한다. 시장에 가든 길거리를 걷든 등산이나 골프나 낚시나 캠핑 같은 취미활동을 하면서도, 기업의 물건을 쓰고 서비스를 사용한다. 호기심을 갖고 일상을 관찰하면 투자할 만한 좋은 기업은 얼마든지 있다. 돈이 없을 뿐이지 투자할 기업이 없는 것이 아니다.

내가 투자한 인터로조라는 회사가 있다. 콘택트렌즈를 만드는 기업인데, 요즘 '클라렌'이라는 자체 브랜드의 컬러 렌즈(뷰티 렌즈)가 불티나게 팔린다고 한다. 코로나로 인해 재택근무가 늘면서 한동안 매출이 줄어 고전하기도 했다. 하지만 마스크를 쓰다 보면 모두들 눈만 겨우 내놓고 다닌다. 꾸밀 것이 딱히 없다 보니 눈동자를 크고 예뻐 보이게 하는 뷰티 렌즈를 많이 사용한다고 한다. 연구 개발을 통해 경쟁사들보다 앞서 산소투과율이 높아 눈이 덜 피로한 실리콘 하이드로겔 컬러 렌즈와 블루라이트 차단 렌즈 등 수익성 좋은 제품들을 선보였다. 또한 경쟁사에게도 인정받아 그들의 제품을 대신 생산하여 중국, 유럽, 일본 등지에 수출하고 있다. 노시철 회장은 실적 위주의 내실 경영을 하는 능력 있는 경영자다. 평소 내 책을 읽고 경영에도 적극적으로 반영하는 사회적 책임을 다하는 열린 경영자라고 할 수 있다. 앞으로 이 회사가 만들어나갈 미래가 기대된다.

몇 년 전부터 나는 항공우주 관련 기업에도 투자해왔다. 한화가 인수한 쎄트렉아이, 한국항공우주 등도 일찌감치 투자해 주주로 동행하고 있다. 최근에는 한화시스템도 매수하고 있다. 많은 이들이 자율주행차를 동력기관의 미래라고 여겨 주목하지만, 나는 그보다 UAM(Urban Air Mobility, 도심 항공 교통) 시장이 더 빨리 오지 않을까 생각한다. 현대차도 이 분야에서 열심히 하고 있지만, 단연 눈에 띄는 것은 한화시스템이다. 제주도를 오갈 때마다 김포공항에 전시된 한화시스템의 4인승 드론을 유심히 관찰하곤 한다. 공항 한쪽에 전시되어 있는데 오가는 사람들이 그냥 스쳐 지나간다. 하지만 나는 어린애처럼 앞뒤 좌우 돌아가면서 자세히 관찰했다. 여의도에서 김포공항으로, 다시 공항에서 인근 도심으로 에어택시가 승객을 나르는 장면을 상상했다. 물론 한화시스템의 사업 계획이 완벽히 성공해 돈을 많이 벌 수 있을지는 아직 미지수다. 여러 번 유상증자를 통해 자금을 조달했는데 앞으로도 2~3년은 계속 투자를 해야 하는 상황이다. 당장 이익은 나지 않지만 우직하게 기다리면 좋아질 분야라고 생각한다.

항공우주 분야는 앞으로 선진국들이 무대를 확장할 영역이기도 하고, 향후 6G 통신 등을 위해 꼭 필요한 인프라이기도 하다. 국가 주력산업으로 선정해 적극적으로 육성해갈 산업이기도 하다. 아무것도 없던 척박한 산업 환경 속에서도 자동차, 철강, 화학 분야 등 굴지의 성과를 이뤄낸 우리다. 나는 앞으로 우리나라가 여객기도 만들고 인공위성이나 우주선도 만들면서 우주 시대에 접어드는 세계시장을 리드할 것이라 기대한다. 한국항공우주(KAI)는 대우, 삼성, 현대의 항공 분야를 합쳐 국책 사업의 일환으로 출범했다. 최대 방산업체이자 정부 방위사업청이 현장 관리를 진행하는 등 국가 정책과 맥을 같이하는 회사다. 동행하며 공부하면서 장기적으로 믿고 투자한다면 향후 10조 이상의 시총 규모로 성장할 저력을 지녔다고 본다. 항공기, 우주선, 위성체, 발사체 및 부품에 대한 설계, 제조, 판매, 정비 사업을 영위하는 기업으로서 한국형 전투기 산업과 소형 무장헬기 개발도 하고 있기에 앞으로 우리 항공우주 산업을 견인할 대표적 기업이 될 것이다.

어울리지 않는다고 말할지 모르지만, 나는 미투젠이라는 게임 회사에도 투자하고 있다. 홍콩에 법인이 있고 연구 인력은 베이징에 있는 회사다. 그래서 투자자들 사이에서 중국 회사라는 오해를 사고 있다. 그러나 엄연히 한국인 경영진이 인수한 한국 기업이다. 이들은 소셜 카지노 게임과 캐주얼 게임을 서비스함으로써 돈을 번다. 사용자는 주로 북미와 유럽의 중년층으로, 꾸준히 성장해오고 있다. 여기서 하루 약 1억 원씩 벌어들인다. 개발이 다 끝난 게임이기 때문에 유지비도 별로 들지 않는다. 차근차근 현금이 쌓이고 배당성향도 40퍼센트 정도로 안정적이다. 시총은 3,000억 원 남짓이고, PER도 7~8배밖에 되지 않는다. 통상적인 게임 기업들의 밸류가 적게는 20배, 많게는 50배에 이르는 것을 감안하면 매우 저평가되어 있다. 게다가 신작 캐주얼 게임 출시를 앞두고 있어 미래가 기대된다. 현재 알차게 돈을 벌고 있으므로, 앞으로 새롭게 벌이는 사업은 플러스알파다. 캐주얼 게임이라는 특성상 비용이 많이 들지 않고 한 번 히트하면 부가가치가 크다. 손창욱 대표는 게임 개발 쪽에도 경험이 많고 마케팅이나 경영 역량 면에서도 뛰어난 경영자다. 솔직히 개인적으로 갖고 싶은 기업이다. 하지만 나는 게임 분야에 경험도 없고 역량도 없다. 그래서 훌륭한 경영자에게 맡기고 나는 그 성과를 공유한다.

이렇듯 소정의 수수료와 거래세만 내면 얼마든지 갖고 싶은 회사의 동업자가 될 수 있다. 이것이 투자의 묘미다. 어떤 기업과 동행할 것인가? 어떤 기업이 나의 미래를 책임져줄 것인가? 두루 찾아 깊이 연구하고 공부한 다음 시간을 두고 투자하면 반드시 성공할 수 있다.

앞으로
3년, 5년, 10년 후의
미래를 상상하라

훌륭한 투자자는 세상을 향해 촉각을 곤두세운다. 변화의 흐름을 예리하고 민첩하게 포착해낸다. 조기축구에서 뛰는 사람은 줄곧 공만 쫓아다니지만, 프로 선수는 길목을 지킨다. 주식투자자도 이와 같다. 훌륭한 투자자는 '미래에 속한 사람'이다. 비전을 갖고 미래를 상상함과 동시에 현실을 반추하며 숫자를 직시한다. 그러므로 훌륭한 투자자는 냉철하고 이성적인 동시에 감성적이고 순수한 특성을 지녔다.

새로운 정보와 지식은 내 뇌에 이미 담겨 있는 것에만 결합한다고 한다. 아무리 미래가 펼쳐지고 있어도 내 머리로 생각하고 상상하고 도출해내지 않으면 나와 관련 없는 현상이 되고 만다. 또한 투자자가 상상하는 미래는 현실의 산업과 단단히 결합이 되어야 한다. 그렇지 않으면 몽상이 될 뿐이다.

주식투자의 본질은 '미래'의 성공에 내 돈을 미리 태우는 것이다. 그러므로 '미래를 내다보는 투자자로서의 안목'이 필수적이다. 이때의 미래는 대체로 3년, 5년, 10년을 말한다. 세상의 흐름을 감지하면, 앞으로 어느 산업 어느 업종에 볕이 들지 알 수 있다. 그리고 나를 대신해 미래를 준비해줄 기업이 무엇인지 파악해낼 수 있다.

나는 과거 삼천리자전거에 투자하기 전에, 앞으로는 자전거가 보조적 운송수단으로의 기능을 넘어 '레저화'할 것이라고 판단했다. 어떤 '열풍'이 불 때 많은 사람들이 그것을 투자와 직결시켜 사고(思考)하지 못한다. 미래를 상상하는 습관, 투자와 연결시키는 습관이 익숙하지 않기 때문이다. 습관의 회로를 자주 가동해야 더 잘 작동한다. 평소 접하는 경험이 항상 투자의 상상력으로 연결되어야 한다. 이것이 바로 투자자의 시선이다.

자전거 인구가 느는 것을 보면서 흔히 어떤 생각이 들었는가? 아파트 현관마다 자물쇠가 채워져 서 있는 자전거들을 보면서 무슨 생각을 했는가? 헬멧에 쫄쫄이 바지와 각종 장비로 무장한 이들이 떼를 지어 라이딩하는 모습을 보고 무슨 생각을 했는가? '유난 떠네~.' 하면서 그냥 스쳐 지나갔는가?

고가의 아웃도어 제품을 입고 등산을 즐기는 모습을 볼 때도 마찬가지다. 많은 이들이 그저 "한국 사람들 참 유별나. 에베레스트 등반이라도 가나…." 하고 혀를 끌끌 차고 만다. 온갖 장비를 실은 캠핑카에 열광하며 산과 바다로 나가는 사람을 볼 때는 어떤가. "돈이 남아도나 봐." 하고 한탄한다. 그런 반면, 현상을 보고 삼천리자전거, 태양, 대륙제관, 영원무역, 한세실업, 더네이쳐홀딩스 같은 기업을 탐구하는 사람도 있다.

주식투자자는 자전거 열풍을 보면서 막연히 시장이 커질 것이라 생각하는 데 그쳐서는 안 된다. 누가 만드는지 브랜드를 찾아보고, 시장 지배력, 지분 구조, 비즈니스 모델 등을 찾아보고 싶어져야 한다. 인구통계 데이터를 검색해보고 사용자들의 연령과 성별 추이를 알아보아야 한다. 판매점을 찾아가 교체 주기를 물어보고 자전거가 인기 있어질 때 더불어 팔릴 제품들을 찾아보고 싶어져야 한다.

이렇듯 투자자의 시선으로 보면 꼬리에 꼬리를 물고 궁금증이 이어진다. 찾아보고 공부하고 물어볼 것이 계속 늘어난다. 일상에서 미래를 포착해 투자 기회를 발굴하려면, 끊임없이 질문하고 생각하는 습관이 필수적이다. 그냥 스쳐가던 것도 다시 짚어보고 질문하는 훈련을 해야 한다. 물론 하루아침에 되는 것은 아니다. 훈련 과정이 필요하다. 두뇌 회로를 '투자자의 것'으로 바꿔놓아야 한다.

미래를 상상하고 질문하고 생각하는 것은 주식투자로 부자가 되기 위한 첫 관문이다. 그러다 보면 예전에는 무감각하고 무덤 덤하던 일들이 흥미진진하게 다가오기 시작할 것이다. 한두 달에 1개의 주제도 좋다. 깊이 파고들어 공부하는 습관을 들이면 좋다. 처음에는 시간도 많이 걸리고 힘도 들 것이다. 사전지식이 없어 서 검색한 정보가 이해되지 않을 때도 있다. 그럴 때는 관련된 책 을 찾아보면서 공부하며 소양을 쌓아야 한다.

투자자는 세상의 변화를 주시해야 한다. 변화로 인해 돈이 벌리 는 지점을 포착해야 한다. 그런데 너무 서둘러 앞서가도 곤란하 다. 남들보다 반걸음 정도 앞에서 민첩하게 움직여야 한다. 세상 돌아가는 일을 두루 적당히 아는 것은 주식으로 돈 버는 것과 관 련이 없다. 유행이나 트렌드가 어떤 제품과 서비스 매출로 연결 될지 매우 구체적으로 고민해야 한다. 그리고 투자할 만한 기업 을 찾아내야 하며, 그 기업을 공부하면서 주가를 관찰해 적기에 매수해야 한다.

기회는 모든 이들의 눈앞에 평등하게 지나간다. 단, 미리 준비 한 사람만이 기회를 알아볼 수 있다. 어디든 먼저 도착해서 기다 리고 있어야 한다.

주식투자는 인류에게 위대한 발전을 선사하고,
물질적 번영뿐 아니라
정신적 풍요까지도 안겨주는 숭고한 행위다.

– 존 템플턴 경Sir. John Templeton

Commandment

10

올바른 마음으로
크게 생각하라

마음 그릇이
돈 그릇보다
커야 한다

'올바른 마음으로 크게 생각하라!'는 원칙을 주식투자 10계명에 꼽은 데는 이유가 있다. 기업이나 사회가 어떻게 되든 돈만 벌면 그만이라고 여기거나 주식투자자가 그러한 마음을 갖고 있으면 성공하기 힘들다. 요컨대 마음을 담을 그릇이 커야 그곳에 자연스레 돈도 담긴다.

물이 가득 담긴 그릇을 머리에 이고 걸음을 옮긴다고 생각해보라. 조금만 출렁여도 물이 넘친다. 그런데 그릇이 충분히 크다면 그 안에 담긴 물은 여간해서 밖으로 흐르지 않을 것이다. 물이 투자자에게 닥치는 다채로운 변화라면, 그릇은 투자자 자신의 마음이다. 마음 그릇이 작으면 사소한 일에도 일희일비하고 휘청거리기 쉽다.

나더러 돈이 많으니 얼마나 좋으냐고 부러워하는 이들이 많다. 그런데 거꾸로 생각해보라. 주가가 1퍼센트 떨어져도 계좌에서 10억 원이 사라진다. '돈이 많으니 상관없지 않으냐'고 할지 모르지만 오히려 그 반대다. 세계적인 부호 로스차일드는 "큰돈을 벌려면 엄청난 대담함과 신중함이 동시에 필요하지만, 큰돈을 벌고 난 뒤에는 그보다 10배는 더 큰 능력이 필요해진다."고 했다. 마음 그릇이 작으면 매일의 손실과 수익에 커다란 압박감을 느낀다. 나는 내가 돈을 벌 수 있었던 배경에 마음 다스리기가 큰 비중을 차지했다. 흔들리고 따라가는 식으로 매매에 몰두했다면 진작 모두 잃었을 것이다.

계좌 잔고가 1,000만 원일 때도 수시로 주가의 등락에 마음을 빼앗기고 흔들린다. 그런데 잔고가 10억, 100억, 1,000억 원이라면 어떻게 되겠는가. 긴 안목으로 투자하고 일과시간에는 자신의 일상에 충실하라고 많은 이들이 조언하는 데는 이유가 있다.

세계 경제, 국내 경기, 기업 내·외부 상황, 경쟁 기업 등 환경은 언제나 변화한다. 그때마다 투자자의 마음이 봄바람에 날리는 깃발처럼 펄럭대서는 곤란하다. 노련한 궁수가 두 다리를 굳건히 땅에 뿌리를 내리고 과녁을 흔들림 없이 주시하듯이, 투자자는 자신의 위치를 지켜야 한다.

나는 남들이 보기에는 꽤나 둔감한 투자자에 속한다. 짧게는

3~4년, 길게는 10년 이상 소통하면서 기업이 성장하기를 기다린다. 내가 기업의 주인이기 때문이다. 단기간에 성장하지 않아도 가치를 높이 평가한 기업에는 꾸준히 투자해준다. 멀리 돌아가는 것 같지만 이런 태도야말로 나를 부자로 만들어준 원천이다. 무엇보다 투자자로서 나를 떳떳하게 만들어준다.

대동공업(현, 대동)은 내가 정말 오랫동안 투자해온 기업이다. 2003년부터 매입하기 시작해서 10년 이상 동행하고 소통해왔다. 지금은 대부분의 지분을 정리하고 일부만 보유하고 있다. 농기계 분야 1등 기업이며 독보적 기술력을 가진 훌륭한 기업이다. 하지만 이익은 많이 내지 못했다. 농민들이 고객이기 때문이다. 우리나라 농업은 노동집약적이며 영세규모를 벗어나지 못한 상태다. 그러니 농기계값을 올리기도 힘들다. 사회에 꼭 필요한 산업이기 때문에 보수적이면서도 안정적으로 기업을 운영한다. 다행히 미국, 중국에서 각광을 받을 뿐 아니라 프랑스, 영국 등 유럽 국가나 호주, 뉴질랜드에서도 열심히 시장을 개척하고 있다. 이런 기업은 당장 돈이 되지 않더라도 길게 보고 투자해줘야 한다는 게 내 방침이다.

이런 나를 보고 미련하고 답답하다고 손가락질할지 모른다. 하지만 나는 이것이 주식투자의 왕도라고 믿는다. 사회에 꼭 필요한 기업이 제 가치를 인정받을 수 있게 돕는 것, 그 기업이 내부적 역량을 충분히 쌓아서 성과를 낼 때까지 기다리는 것, 지금 당장

이익이 나지 않더라도 미래를 위해 열심히 연구하고 매진하는 기업에 투자를 해준다. 나 하나만이 아니라 전체를 생각하는 것이야말로 모두가 공생할 수 있는 길이다.

2021년 자본시장연구원의 조사에 의하면 코로나 팬데믹으로 인한 증시 폭락이 있었던 2020년 3월 이후부터 약 6개월 동안 국내 주식시장에 유입된 수많은 신규 투자자 중 60퍼센트가 실제로는 손실을 입었다고 한다. 단타 매매 성향 때문이다. 중소형주, 20대, 남성, 소액투자자일수록 이 비율은 높았다. 주식투자를 일종의 대박 기회로 인식하는 성향 때문이다. 거래량이 집중되고 상승폭이 높은 종목을 따라다니며 몇 번은 수익을 냈을 것이다. 하지만 결과적으로는 손실을 보고 말았다. 잦은 매매는 길이 아님을 수치가 증명해주고 있다.

흔들리는 주가와 함께 마음까지도 휘둘리지 않는 유일한 방법은 '기업의 가치'에만 오롯이 집중하는 것이다. 돈을 벌겠다는 일념만으로 덤비면 오히려 돈을 벌지 못한다. 돈을 따라가지 말고 돈이 따라오게 해야 한다. 내 마음을 내가 붙잡고 컨트롤할 수 있어야 마음이 고요해지고, 그렇게 고요하고 밝은 눈이 되어야 좋은 기업을 찾아낼 수 있다.

주식투자는
사고파는
매매 게임이 아니다

바야흐로 주식투자 천만 시대가 되었다. 매체가 다양화된 시대, 주식투자에 대해 조언하는 정보와 지식도 넘쳐난다. 주식투자를 어느 정도 하다 보면, 전문적인 어휘에는 금세 익숙해진다. 성공 사례를 접하다 보면 주식으로 돈 버는 것이 쉬워 보인다.

주식투자에 학위가 있다면, 방송에 나오는 전문가들은 박사급이라 할 수 있다. 전문적인 교육을 받고 유명 투자회사나 증권사에서 오래 현업을 해왔다. 어려운 용어나 이론에도 해박하다. 그런데 과연 그들이 투자 성적표도 좋을까? 주식투자는 '많이 알기' 게임이 아니다. 주식투자는 실전에서 소중한 내 돈을 걸고 결과를 얻어가는 행위다.

제대로 된 투자자에게는 오로지 '기업의 성적표'만이 전공과목이다. 차트, 시장 흐름, 환율, 금리 같은 대외 변수는 교양과목에 불과하다. 차트나 매매 주체의 움직임, 수급도 마찬가지다. 나도 편의상 '주식을 산다'고 표현하지만 절대 주식을 사고판다고 생각하지 않는다. 주식 매수는 '투자하는 기업의 주인이 되는 일'이다. 그러므로 내가 기업의 주식을 샀다는 것은 그 사업을 새로 시작했다는 의미다.

　많은 이들이 주식투자의 비결이라 여기며 열심히 배우는 테크닉은 '주식투자 성공'과는 거리가 멀다는 것을 알아야 한다. 뒤통수를 얻어맞은 듯 깨달음의 순간이 와야 한다. 공포와 탐욕에 의한 잦은 매매, 정보 매매, 뇌동 매매, 급등주나 테마주에 편승하는 묻지 마 매매 등 돈을 벌게 해준다는 온갖 기술은 실제로는 필패의 기술인 경우가 많다.

　'주식투자=자기 사업'이라는 등식이 확고히 자리 잡아야 한다. 자기 사업이라고 생각하면 무엇부터 보게 될까? 주가가 아니라 비즈니스의 본질을 볼 것이다. 사업이 얼마나 비전 있으며 기업이 미래에 어떤 역할을 할지 큰 그림을 그릴 것이다.

주식투자는
최고의
경제 교과서다

어느 날 갑자기 무인도에 고립되었다. 오로지 혼자 힘으로 생존해야 하고, 탈출하려면 온갖 지식과 노력을 동원해야 한다. 어떻게 할까? 처음에는 당황하겠지만 곧 하나씩 방법을 터득해갈 것이다. 마실 물을 구하는 법, 먹을 것을 채집하는 법, 불을 피우고 잠자리를 마련하는 법, 들짐승을 퇴치하는 법…. 이전에는 생각해본 적도 없는 수많은 요소들이 생존의 필수 항목이 될 것이다. 외부에 구조를 청하는 법이나 인가가 있는 곳으로 탈출하는 법 등도 차근차근 배워갈 것이다.

주식투자는 홀로 무인도에서 살아남는 일과 비슷하다. 생존을 위해 더없이 예민하고 민첩하며 적극적으로 움직여야 한다. 이전에는 무심코 지나쳤던 수많은 정보와 경험을 허투루 흘려보내지 말아야 한다. 주식투자는 내게 경제 공부를 제대로 하게 해준 계기가 되었다. 의무감에 의한 공부가 아닌 절박한 '필요'와 '열망'으로 한 공부다. 주식투자는 세상을 탐험하는 데 필요한 최고의 선생님이다. 또한 세상을 이기게 해주는 든든한 방패와도 같다. 현실에 부딪혀 경험하고 깨지고 다치면서 다시는 실패하지 않기 위해 이를 악물고 공부해 만들어진 지식만이 투자의 지원군이 되어준다. 경험만큼 소중한 자원은 없다.

나는 언변이 화려하거나 조리 있게 말을 잘하는 스타일이 아니다. 때로는 마음만 앞서서 하고 싶은 말을 다 쏟아내려다가 뒤죽박죽이 되는 일도 많다. 그런데 주식투자를 통해 깨우친 투자자의 시선과 철학 얘기를 해주면, 충격을 받는 이들이 많다. 심지어 눈물을 흘리며 감화하는 이들도 있었다. 이제껏 시장과 투자에 대해 정말 잘못 생각했다는 걸 깨달았다고 고백하는 이들이 많았다. 나와 만나 투자에 대해 새로이 배운 다음, 수십억 자산가가 된 이들도 여럿이다. 투자의 본질을 모른 채 매매해서 돈만 벌면 된다고 생각했다고 한다. 그러다가 제대로 투자를 하게 된 이후, 세상을 온전히 보게 되었다고 말한다.

우물 안에서 세상을 보면 동그란 작은 원으로 보인다. 그 안에서 '세상은 이럴 것이다!' 하고 아무리 상상해봐야 제대로 알 수 없다. 우물 밖으로 과감히 뛰쳐나와야 한다. 자기 발로 곳곳을 탐험한다. 더 넓고 높은 곳에서 세상을 조망해야 비로소 세상의 일부라도 알아낼 수 있다. 주식투자는 아주 좋은 출발점이다. 투자를 통해 경제뿐 아니라 인생을 배우고, 자신의 실체와도 가까워질 수 있다.

투자를 계속하면서 나의 철학은 '큰 바위 이론'에 점점 가까워지고 있다. 큰 돌도 있고 작은 돌도 있고 이끼도 있고…, 언뜻 보기에는 쓸모없어 보이는 아주 미약한 것들까지도 모여야 비로소 큰 바위가 된다. 세상도 그렇다. 잘난 사람, 대단한 사람만 있다고 세상이 유지되지 않는다. 기업도 마찬가지다. 대기업이 중소기업의 영역을 침범하거나 골목상권에까지 끼어들어 서민들 밥그릇을 빼앗는다. 윤리적으로만 문제인 게 아니다. 골목에서 장사하며 먹고 사는 서민들이 힘들어지면, 결국 대기업 제품을 사줄 사람들이 없어진다. 세상은 거대한 생태계다. 생태계라는 큰 바위가 든든하고 굳건하게 만들어지려면 모든 구성원이 저마다 제 역할을 해야 한다.

평소 생활체육을 즐기는 나는 동작구 배드민턴 연합회장을 맡은 적이 있었다. 오지랖 넓다고 할지 모르지만 회장을 하면서 서울시 대항전에서 팀을 2년 연속 우승시켰다. 그런데 구성원들의 성품과 능력은 제각각이다. 선수처럼 잘하는 사람도 있지만, 아무리 해도 실력이 늘지 않는 사람도 있다. 잘하는 사람이나 못하는 사람이나 모두 어우러져야 클럽이 잘 돌아간다. 잘하는 사람은 얌체 같은 면이 있어서 자기가 할 운동만 하고 간다. 그런데 운동에 젬병인 사람은 집에서 음식도 싸오고 물건도 고치고 여기저기 청소도 하면서 나름의 방식으로 열심이다. 누구나 자신만의 가치와 역할이 있다. 생활체육인데 그까짓 배드민턴 좀 못 치면 어떤가? 사람은 존재가치를 인정받을 때 비로소 삶의 의미를 느끼며 공동체에 더 적극적으로 기여한다. 저마다 기여하는 방식은 여러 가지다.

나는 투자자뿐만이 아니라 기업인에게도 계영배(戒盈杯)의 원리를 기억하라고 자주 조언한다. 계영배란 '넘침을 경계하는 잔'이다. 7할 정도가 차면 나머지는 밑으로 흘러내려간다. 아직 능력이 안 되는데 130~140퍼센트를 하려고 하면 체력이 견디지 못해 쓰러지고 만다. 그렇게 쓰러지면 다시 일어나기 힘들다. 한두 해만 하고 그만둘 사업이 아니다. 천천히 여유를 가지고 해야만 어려운 때 기회도 찾아갈 수 있고 설령 넘어져도 다시 일어날 수 있다. 기를 쓰고 돈을 벌겠다고 혈안이 되면 버텨내기가 힘들다. 어느 정도 벌었으면 자기 곳간만 채우지 말고 주주 환원도 하고 사회 환원도 해야 한다. 모두가 자기 이익에만 혈안이 되어 있으면, 우리 사회는 더불어 번영할 수 없다.

주식시장 역시 그렇다. 증권사는 증권사다워야 하고, 투자자는 투자자다워야 하며, 기업은 기업답고 관리감독 기관은 감독 기관다워야 한다. 드라마 〈정도전〉에서 정도전은 오로지 자신의 이익만 탐하는 관료들을 향해 "밥버러지!"라고 일갈했다. 우리에게 주어진 소중한 역할을 충실히 해내지 못하고 밥버러지에 그쳐서는 곤란하지 않겠는가. 주식투자를 하면서 가장 중요한 것은 '세상을 보는 눈'이라고 생각한다. 세상을 보는 눈을 올바르게 유지해야만 자기 역할을 제대로 할 수 있다. 그래야만 모두가 함께 공생 공영할 수 있다.

Commandment 10

주식투자를 통한
경제 교육은
빠를수록 좋다

부모가 자녀에게 가르쳐야 할 것은 무엇일까? 우리는 자녀들이 부자로 살기를 바란다. 나는 거기서 더 나아가 '행복한 부자'로 살기를 바라야 한다고 생각한다. 행복하다는 것은 자신이 살아가는 이유와 가치에 대해 잘 알고 그 방향대로 살아가는 것이다.

그런데 공부만 잘해서는 절대 부자가 될 수 없으며 행복하게 살 수도 없다. 부자와 가난한 사람을 나누는 것은 학교 성적이 아니라 경제 감각이다. 이 감각은 살아 있는 경제 교과서인 주식투자를 통해 익히게 하는 것이 가장 좋다. 이제 경제 교육은 하나의 별개 카테고리로 분리시키기 어려울 만큼, 미래 삶을 결정하는 매우 중요한 요소가 되어가고 있다. 하지만 부모들에게 집에서부터 경제 교육을 시키라고 하면, 그런 것은 학교에서나 배우는 것이지 어떻게 부모가 가르치느냐고 반문한다. 그런데 절대 그렇지 않다. 경제 교육이야말로 부모가 아니면 아무도 해주지 못하는 것이다.

가정은 아이들의 세계이자 바탕이다. 그리고 부모는 아이들이 마주치는 첫 롤 모델이자 표상이다. 평상시 삶과 일상을 통해 가슴과 존재에 스며드는 교육은 무엇으로도 대체하기 힘들다. 경제 교육은 부모가 모두 있는 유복한 가정에서 살아야만 가능한 특별한 것이 아니다. 부족하고 결핍된 상황이어도 최선을 다해 내일을 준비하며 살아가도록 교육해야 한다. 나는 처절하고 비참할 수도 있는 환경에서 자랐다. 하지만 단 한 번도 비관적인 생각을 해본 적이 없다. 오히려 어려웠던 어린 시절을 회상하면 희망, 계획, 노력, 열정, 기쁨, 감사와 같은 단어들이 떠오른다. 그것은 삶 전체로 세상을 가르쳐주신 어머니 덕분이었다.

누구나 어머니 하면 가슴 한쪽이 쓰려올 정도로 고맙고 그리울 것이다. 내 경우는 더욱 그랬다. 37세의 젊은 나이에 네 아이와 함께 세상에 덩그러니 남겨져 가녀린 여자의 몸으로 얼마나 무섭고 두려웠을까? 막내는 갓 돌을 지난 갓난아기였다. 아버지는 돌아가시면서 유언으로 말씀하셨다고 한다. "아이들 버리지 마라. 내가 죽어서라도 도와주겠다." 어머니는 그 말 하나만 믿고 사셨다. 어려울 때마다 가족의 소중함을 일깨워주시면서 우리를 바르게 키우셨다. 때로 철없는 우리들이 다투기라도 하면, 어머니는 방문을 걸어 잠그고 잘잘못과 상관없이 우리 모두에게 차례대로 회초리를 치시고 당신의 종아리도 피가 나도록 내리쳤다. 평생 머리칼을 자르지 않고 쪽머리를 고집하신 어머니는 항상 기도하고 감사하며 미물과도 대화하면서 모든 사물을 허투루 보지 않고 누구의 험담도 하는 법이 없었다.

어머니의 가르침은 고스란히 내 삶의 철학으로 정립되었다. 우리 집 가훈은 '언행상고(言行相顧)', 즉 '말과 행동을 항상 돌아보라'는 것이다. 어머니 덕분에 아들이 이렇게 번듯하게 자랐으니 좀 더 사셔서 효도하기를 기다려주실 줄 알았는데, 2019년 갑작스레 병환으로 돌아가셨다. 돈이 많아도, 좋다는 병원이나 의사를 다 동원해도 소용이 없었다. 발병하시고 한 달이 되지 않아 허망하게 보내드려야 했다. 그런데 그렇게 갑자기 돌아가셨는데도, 나중에 주변을 살펴보니 어느 것 하나 정돈되지 않은 것 없이 깔끔했다. 장례식장에 온 사람들은 저마다 '은혜 갚을 게 한둘이 아닌데 가셨다'며 대성통곡을 했다. 이웃과 친지들이 나도 미처 알지 못하던 고마운 추억과 기억들을 많이 안고 있었던 듯하다. 왜 안 그랬겠는가? 고향에 가시면 집집마다 혼자 사는 노인들을 찾아가서 간식과 용돈 봉투를 일일이 나눠주고 다니셨다. 용돈을 드려도 당신은 쓰지 않으시고 베푸는 데만 사용하셨다. 그렇게 베푼 마음이 다 자손에게 돌아온 것인지도 모른다.

어머니 무덤에는 화려한 묘석 대신 소박한 우리 자손들의 편지가 묘비에 아로새겨졌다. "살신성인으로 사신 인생행로, 엄하고 따뜻한 사랑 받들어 저희들이 봄꽃 활짝 피우겠습니다. 고맙고 그립고 사랑합니다. 부디 그곳에서 행복하시길 기도합니다."

어머니는 나의 가장 위대한 멘토다. 사람마다 살아온 환경과 처지가 다르겠지만 내 경우는 정말 쉽지 않았다. 처음으로 마을에 전깃불이 들어오는데 언덕 위의 제일 높은 곳에 있던 우리 집만 쏙 빠졌다. 거기까지 전기가 들어오려면 전봇대 세우는 돈을 추가로 내야 하는데 우리에게 그런 큰돈은 없었다. 야속하게도 마을에서도 배려를 해주지 않았다. 다른 이들 같으면 못사는 집이라 괄시했다고 했겠지만, 어머니는 그러지 않았다. "오죽 힘들면 그거 하나 챙길 마음의 여유가 없었겠느냐." 하고 말씀하였다. 나중에 경제적으로 윤택해지자 어머니는 우리를 홀대했던 마을 사람들을 두루 챙기고 크고 작은 일마다 발 벗고 나서 도와주셨다. 나 역시 그런 어머니를 본받아 꾸준히 베풀려고 노력한다. '신용을 잃으면 다 잃는 것이다', '남을 배려하지 않으면 그 자체로 인간으로서 사는 의미를 잃는 것이다', '나만 잘 살면 무슨 소용인가'… 어머니에게 어릴 때부터 귀가 따갑게 들었던 말들이 이제 내 몸에 체화되어 있다.

자녀가 어렸을 때부터
밥상머리 경제 교육을 하라

보통 부모들은 아이가 장난감을 사달라고 조르면 그냥 사준다. 그런데 아이가 갖고 싶어 하는 장난감이 어느 회사에서 어떻게 생산되어 판매되는지 함께 공부해본다면 어떨까? 장난감 회사가 거래소에 상장되어 있다면, 장난감을 사주기 전에 먼저 그 회사 주식을 사줄 수도 있다. 그런 다음 장난감을 사는 것과 주식이 어떤 관계가 있는지 가르쳐준다.

아이가 중·고등학교에 진학해 좀 더 많은 것을 이해할 수 있는 나이가 되면 공부의 폭을 넓힐 수 있다. 아이가 애용하는 PC게임이나 모바일게임을 만드는 기업의 주식을 사주면서 공부한다. 우리가 게임을 즐기면 기업이 어떻게 돈을 버는지 함께 토론해볼 수도 있다.

방법은 무궁무진하다. 이것이 바로 밥상머리 경제 교육이고 투자 교육이다. 어릴 때부터 '소비하고 사용하는 행위'와 '기업이 성장하는 것'의 상관관계를 알게 해준다. 그러면 성장해서도 기업이나 자본시장에 대한 이해를 높일 수 있고 적극적인 투자자가 되려고 노력할 것이다. 푼돈이 생겼을 때 허투루 쓰지 않고 미래를 위해 투자해야 한다는 발상도 저절로 생겨난다. '돈 아껴라', '부자가 되라' 잔소리를 할 필요 없이 체험을 통해 적은 돈이 어떻게 불어나는지 경험하게 한다. 그렇게 자라난 아이가 평생 돈 걱정하며 살아가게 될까?

　나는 주식투자로 바쁜 몸이지만 나를 필요로 하는 곳이라면 성실히 찾아가 나의 경험을 나누려고 한다. 자녀 경제 교육을 주제로 한 강연을 마치고서 참석자 중 한 분이 메시지를 보내왔다. "실패조차 경험을 통해 자기 것으로 만들어야 한다, 자녀와 함께 일찍부터 주식투자를 하며 함께 성장하라는 말씀을 인상 깊게 들었습니다. 주식투자를 투기의 이미지로 생각하고 쉽게 시작하지 못했는데, 새롭게 방향을 정립하게 된 소중한 계기가 되었습니다." 보람을 느끼는 순간이다.

　유태인들은 아이가 13세가 되는 성인식 때 잔치를 벌이며 축하를 해주고, 친인척들이 돈을 모아 종잣돈을 마련해준다. 아이는 어릴 때부터 그 돈으로 투자를 하면서 경제 공부를 시작한다. 유태인이 세계를 경제적으로 지배하는 데에는 다 이유가 있는 것이다.

　나는 2008년에 첫째 딸에게 2,500만 원, 둘째 딸에게 2,000만 원, 셋째 아들에게 1,600만 원을 증여한 다음 주식계좌를 만들게 했다. 당시에는 1,500만 원까지 증여세가 면제되었기 때문에 각각 1,000만 원, 500만 원, 100만 원에 해당하는 세금을 내고 투자를 위한 종잣돈을 준 것이다. 그 후로는 꾸준히 함께 투자를 했다. 내가 조언을 해주었지만 아이들과 함께 투자할 기업을 고르고 공부했다. 밥상머리에서 우리가 투자한 기업에 대해 토론도 했다.

아이들이 먼저 자기가 투자한 기업에 관심을 갖고 정보를 찾아보며 또 열심히 소비해주고 주변에도 홍보하며 기업가처럼 투자하는 연습을 했다. 그러던 사이 투자금도 크게 늘어났다.

그보다 더 중요한 것은 아이들이 세상을 보는 눈이 점점 확장되었다는 점이다. 아이들은 저마다 세상을 호령하고 싶어 하는 글로벌한 인물로 자라났다. 큰아이는 조지워싱턴대학교에서 서양미술사와 경영학을 전공한 다음 프랑스 파리에서 한국의 미를 알리는 라이프스타일 패션사업을 하고 있다. 둘째는 미국 유수 대학에서 순수 자연과학을 전공한 후 남들은 어렵다고 손사래를 치는 후속 공부를 계속하기 위해 자신이 원하는 대학으로부터 초청을 받아 장학금을 받으며 석박사 과정을 밟고 있다. 고등학생인 막내 역시 꿈의 크기가 남다르다.

주식투자는 세상을 읽는 눈을 키우는 데 도움이 되는 최고의 공부다. 스스로 기업의 주인이 되어서 세상을 바라보면, 종업원이나 소비자, 고객으로 바라보는 것과는 전혀 다른 시각을 갖게 된다. 사회와 경제의 틀을 이해하고, 어떻게 살아가면 좋을지 저절로 터득하게 된다. 부모 어느 한쪽이 가족들 몰래 주식투자를 하던 시대는 지났다. 저마다 자신이 투자하는 기업을 식탁 위에서 올려놓고 자신이 생각하는 바를 토론하면 좋겠다. 가족들이 토론과 공부를 통해 동행하고 싶은 기업을 함께 찾고, 한 가족 한 기업(一家一社) 갖기를 시작한다면 더욱 좋을 것이다.

만약 자녀가 연예인이 되고 싶어 한다면 연예기획사에 투자하면서 엔터테인먼트 비즈니스에 대해 공부할 수 있다. 그렇게 하다 보면 자신의 꿈을 좀 더 구체적이고 생생하게 그려가고 계획할 수 있다. 막연한 희망사항이 아니라 어떤 준비와 노력이 필요한지 알아감으로써, 확실한 동기부여도 가능하다. 이렇듯 밥상머리에서 가족들이 자기가 투자한 기업에 대해 얘기할 수 있을 때, 좀 더 건강하고 활력 넘치는 미래를 만들어갈 수 있을 것이다.

Commandment 10

결국
자신의 부(富)를
지키는 것은 자신이다

우리는 살아가면서 수많은 당위를 부여받는다. 공부 열심히 해라, 매사에 성실해라, 주어진 일에 충실해라…. 많은 이들이 당위에 부합하는 삶을 살기 위해 노력한다. 그런데도 삶은 별로 나아질 기미가 보이질 않는다. 사회가, 부모가, 어른들이 시키는 대로 살았는데 왜 그런 걸까?

우리는 초등학생 때부터 셀 수 없을 만큼 수많은 문제들을 풀었다. 교과서도 모자라 참고서를 섭렵했고, 중간고사와 기말고사, 입학과 자격시험도 여럿 치렀다. 훈련을 많이 했으니 문제해결 능력이 뛰어나야 마땅한데, 이상하게도 문제집을 벗어나면 맥을 못 춘다. 돈 버는 방법도 마찬가지다. 부모로부터 숱하게 강요받았던 '공부'라는 공식만으로는 가난을 벗어나 부자가 되기 힘들다. 이미 문제를 풀 수 없는 공식임이 증명됐다면, 풀이 방법을 바꿔야 한다. 2차 방정식을 푸는 공식으로는 3차 방정식을 풀 수 없다. 대를 이어 푼다 해도 절대 될 리 없다. 그런데도 우리는 여전히 아이들에게 '공부'와 '노력', '근검절약'이라는 공식을 강요한다.

우리 역시 부모로부터 '공부'나 '근검절약' 같은 인생 공식만 배웠다. 그런데 공부라는 공식은 고등학교를 졸업하고 명문대에 입학하지 못한 시점에 이미 시효가 만료되었다. 남은 것은 근검절약이다. 그런데 이 공식 역시 시대의 변화에 따라 효능을 상실했다.

지금 이대로 살아간다면, 10년 후 인생은 어떤 모습일까? 당신은 어떤 모습이 되기를 바라는가? 과거는 이미 다 흘러가버렸고 미래는 아직 오지 않았다. 우리가 먹고 마시고 사랑하고 행복감을 느끼는 시간은 오로지 현재뿐이다. 그러므로 오늘과 내일을 인생의 전성기로 만들어야 한다. 어제보다 나은 오늘, 오늘보다 나은 내일을 만들어가며 끊임없이 전성기를 이어가야 한다.

오늘이 내 인생에서 가장 '덜' 부자인 상태라면 어떨까? 생계 걱정에서 벗어나 진정한 인생 설계로 나아갈 수 있다면 어떨까? 생계 걱정에서 자유로워지면 인생에서 새로운 장면이 더 많이 만들어지지 않겠는가?

일단 하고 있는 일이 더 즐거워질 것이다. 돈을 많이 벌면 직업 따위는 헌신짝처럼 버리겠다고 생각할지 모르지만 발상을 바꿔야 한다. 생계 걱정이 없는 일은 훨씬 더 창의적인 것이 된다. 이 일을 하지 않아도 되고 직장에서 잘려도 얼마든지 먹고살 수 있다면, 늘 당당하고 일 자체를 즐길 수 있게 될 것이다.

그러려면 자신의 부를 스스로 지키고 만들어가야 한다. 주식투자를 시작하되 올바르고 돈이 벌리는 방식으로 해야 한다. 투자도 인생처럼 공식이 있다. 절대 조급하게 욕심을 부려선 안 된다.

● ## 서둘러 전업투자자가 되려고
애쓰지 마라

나는 직접 30년 가까이 여러 방법으로 투자를 해봤다. 성공만 했을 것 같지만 실패도 꽤 맛보았다. 실패했지만 다시는 그것을 반복하지 않기 위해 노력했다. 나는 마흔이 넘어서 전업투자자가 되었다. 그런데 돌이켜보니 잘한 선택이었다. 더 이전에 시작했다면 성공하지 못했을지도 모른다.

2020년 상승하는 시장에서는 많은 이들이 성공의 달콤한 결실을 맛봤다. 그래서인지 회사를 그만두고 전업투자자가 되겠다는 이들이 많다. 시장이 호황이며 계속 돈을 벌면 자신감이 붙는다. 하지만 전업투자는 매우 힘든 일이다. 자기가 하는 일을 열심히 하면서 꾸준히 투자금을 늘리며 돈 잘 버는 1등 기업에 투자하는 편이 훨씬 낫다.

전업투자는 세상을 보는 눈을 어느 정도 깨치고 나서 해도 늦지 않다. 내 생각에는 10억~20억 원 미만의 돈으로 덜컥 전업투자의 길로 나서는 것은 불안하다고 생각한다. 자금이 적으면 초조해진다. 따로 돈을 버는 곳이 없기 때문에 운용하는 투자금에서 생활비까지 나와야 한다. 한두 번 삐끗하면 평정심을 유지하기가 쉽지 않다. 실패했을 때는 만회하려고 조급해지기 때문에 스텝이 꼬이기 쉽다. 어느 정도까지는 여윳돈으로 투자하면서 차분히 자기가 하는 일에 경험과 연륜을 쌓아가는 것이 좋다. 2020년 같은 상황은 자주 오지 않는다.

자신을 다스릴 줄 알고 세상 이치를 좀 더 깨달을 나이가 되면 현명한 판단을 할 수 있게 된다. 그러므로 최소한 마흔이 넘어 전업투자를 고려할 것을 권한다. 마흔 이전에는 투자보다 자기가 하고자 하는 일을 통한 경험이 더 소중하다. 자기 일을 치열하게 함으로써 좋은 투자자가 되기 위한 요건을 차근차근 갖춰갈 수 있다. 현업에서 기업이 돌아가고 돈을 버는 이치를 파악할 수도 있다. 그것은 그 무엇으로도 얻을 수 없는 자산이다.

일가일사
(一家一社·
한 가족 한 기업 갖기)
운동을 시작하자

주인공은 고산지대를 여행하던 중 헐벗고 단조로운 황무지를 지난다. 나무라고는 눈을 씻고 보아도 찾아볼 수 없는 그곳엔 세찬 바람이 불어 사람 살기가 어렵다. 그래서 거기 사는 이들은 모든 것을 놓고 경쟁하며 다투었다. 그곳에서 주인공은 한 양치기를 만난다. 그는 묵묵히 도토리를 골라 심어 묘목을 기르고, 매일 100그루씩 황무지에 옮겨 심고 있었다.

두 차례의 세계대전을 거치고 주인공은 다시 그 황무지를 찾았다. 32년이 흐른 지금, 87세가 된 양치기 노인은 여전히 그곳에서 나무를 심고 숲을 지키고 있었다. 그러나 마을의 풍경은 완전히 바뀌어 있었다. 아름드리나무로 우거진 숲속에선 물소리와 새소리가 끊이지 않고 채소밭에는 채소가 그득했다. 사람들은 서로 도우며 희망을 갖고 미래를 일구고 있었다.

위대한 영혼과 고결한 인격을 가진 한 사람의 끈질긴 노력과 열정이 마을 하나를 통째로 바꾸어놓았다. 노인의 이름은 엘제아르 부피에. 단편소설 《나무를 심은 사람》의 줄거리다.

나는 2020년 말 기준, 10개 기업에 '지분 5퍼센트 이상을 소유한 대주주'로 공시되어 있다. 묵묵히 투자하고 싶은 기업의 지분을 사 모았다. 배당을 받거나 다른 곳에서 수익이 생기면 지분을 점차 늘렸다. 초창기에는 얼마나 모았는지조차 알지 못하고 꾸준히 사들이다가, 대주주 요건에 해당한다는 사실을 뒤늦게 알게 된 적도 있었다.

이렇듯 당신이나 당신 가족이 한 기업의 대주주가 되는 것을 목표로 삼으면 어떨까? 허황된 꿈인 것 같은가? 그렇지 않다. 대주주는 아니라도 한 가족이 한 기업의 '주인'이 되는 캠페인을 벌이면 어떨까 생각한다.

나는 오래전부터 일가일사(一家一社) 캠페인을 벌여왔다. 코로나 팬데믹 이전에는 가족 단위 참가자들을 초청해서 함께 대화도 나누고 밥도 먹으며 인식 확산을 위해 활동했다. '나무를 심은 사람'이 풍요로운 숲으로 우거진 아름다운 마을을 상상했듯이, 나역시 좋은 기업에 투자하는 문화가 가정마다 깃들여 있는 대한민국의 아름다운 미래를 상상한다.

생각해보라. 모든 가정이 일가일사 운동을 벌인다면 어떻게 될까? 저마다 좋은 기업에 투자하면, 그 기업은 대한민국을 넘어 글로벌 초일류 기업으로 성장할 기반이 마련될 것이다. 우수한 기업이 많이 나오면 대한민국 경제가 성장하고 부강한 국가가 될 수 있다. 선순환을 위해서 가정마다 최소 1개 이상의 기업에 투자하는 문화가 정착되어야 한다고 생각한다.

모든 가정에서 가족들이 함께 투자할 기업을 찾고 그 기업에 대해 자랑스럽게 얘기하는 문화가 만들어지면 얼마나 좋겠는가. 그렇게 되면 우리 기업이 더 성장하고, 기업에 투자한 가정 역시 그 성과를 공유하면서 좀 더 풍요로운 삶을 누릴 수 있다.

일가일사 세미나에 참석한 미혼 남녀들 중에는 주식투자를 시작하면서 배우자 선택 기준도 달라졌다고 고백하는 이들도 있었다. 이전에는 외모나 학력, 배경 같은 것을 보았다고 한다. 그런데 이제는 '세상을 긍정적으로 바라보는 사람', '공감할 줄 아는 사람'을 만나고 싶다고 한다. 그래야만 역경이 와도 이겨낼 수 있기 때문이다. 함께 역경을 이겨내며 미래를 계획하다 보면 얼마든지 풍요로운 인생을 설계할 수 있다. 그런 눈높이가 자녀들에게까지 전달된다면 가보지 않아도 가풍을 짐작할 수 있다. 실제로 화장품이나 생필품 등 접근하기 쉬운 분야부터 투자 의견을 나누며 일가일사를 실천하는 부부들도 있다. 얼마나 자랑스러운지 모른다.

부산에는 오랜 세월 공직에 몸담다 퇴직한 후 나와 인연이 되어, 지금은 주식투자로 부자가 된 지인이 있다. 그분은 부산에 갈 때마다 일부러 차를 끌고 나와 내 운전사 노릇을 자청하며, 내가 차 안에서 투자와 관련해 통화하고 일하고 움직이는 것을 하나도 놓치지 않고 포착하려 애쓴다. 그렇게 나를 완전히 카피해 투자한 덕에 지금은 연금 외에도 큰 자산을 쌓아 윤택한 노후를 보내고 있다.

그분 아들이 결혼할 때 생전 처음으로 주례를 맡았다. 몇 번이고 고사했지만 간곡히 부탁하기에 부족한 내가 그 자리에 섰다. 주례사를 어떻게 할까 한 달 이상을 고민했다. 유명한 스님들을 위시로 감동적이라는 주례사를 많이 찾아봤는데 부부로 살아보지 않아서인지 현실성이 느껴지지 않았다. 고심 끝에 '부부가 되는 두 사람은 2인용 자전거를 타는 것과 같다'는 말로 포문을 열었다. 자전거는 끊임없이 페달을 밟지 않으면 앞으로 나아갈 수 없다. 남편이 힘들면 아내가 힘을 내고, 아내가 힘들면 남편이 더 힘을 내서 페달을 밟는다. 둘 중 하나가 힘들 때 '왜 힘드냐?'고 꼬치꼬치 묻지 않고, 그저 등을 두드려주거나 뒤를 돌아봐주며 응원하면 된다. 그런 사랑이야말로 부부생활의 긴 여정에 큰 힘이 된다.

요즘 젊은이들은 성장배경이든 직업, 수입, 재산 정도가 자신과 얼추 비슷한 사람을 고르려 애쓴다. 그런데 세상에 그렇게 맞춰진 사람이 어디 있나? 형편이 비슷해도 성격이나 기질, 가정환경이 모두 다르다. 그러니 어느 정도만 맞으면 나머지는 함께 세월을 보내며 서로 이해하고 포용하고 공감하며 맞춰가는 것이 부부생활이다. 다르다는 것을 인정하고 서로 맞춰가면서 부부의 정은 더욱 돈독해지고 함께 가는 여정도 덜 고단해진다. 주례사에 맞춰 두 사람의 앞날을 축복하는 의미로 당시 내가 투자하고 자랑하던 삼천리자전거의 주식을 신랑 신부에게 각각 10주씩 선물했다. 주례를 계속하다가는 내 자전거 주식이 모두 없어지겠다며 우스갯소리를 했더니 좌중이 폭소하기도 했다.

내가 모여 우리가 되고, 우리가 잘돼야 결국 내가 잘된다. 일가일사 정신으로 내실 있는 기업을 발굴해서 투자하고, 내 회사로 여기며 잘되길 응원한다. 가족들 모두 경제에 대한 식견을 넓혀가며 자본시장에 관심을 갖고 감각을 키워간다. 집집마다 투자를 통해 장기적 안목에서 미래의 먹을거리가 될 산업을 육성하는 일을 최전선에서 돕는다. 사회 전반의 부가가치가 창출되고 일자리가 늘어나고 더 많은 사람이 풍요롭게 살 수 있다. 우리 모두가 대한민국이라는 경제 생태계를 풍성하게 하는 '나무를 심은 사람'이 되는 것이다.

에필로그

투자자가 존경받는
사회를 꿈꾸며

주식시장에 들어온 지도 30년이 넘었다. 대한민국 투자문화가 발전하려면 투자환경 역시 좋아져야 한다. 책을 마무리하면서 투자환경을 위한 제안 몇 가지를 내놓고자 한다.

한국 주식시장에서 투기적 행태가 나타나는 데는 투자자들의 인식뿐 아니라 지배주주의 잘못이 크다. 자신의 이익을 위해 투자자의 선의를 악용해왔다. 상장할 때는 주주나 기업 성장을 위해 애쓸 것처럼 공언한다. 그러나 상장 후에는 마음이 달라진다. 자기 이익만 추구하며 상속에 유리한 상황을 만들어간다. 그 결과 자본시장이 흡사 투전판처럼 변질된다.

여러 난관에도 불구하고 기업과 함께 소통하고 동행하는 투자만이 기업 성과를 공유하는 유일한 방법이다. 신뢰와 상생의 투자 문화가 싹터야만, 자본시장이 서민들의 희망이 될 수 있다. 그러나 무작정 선의와 도덕에만 호소할 일은 아니다. 나의 졸저《주식회사의 약속》에는 제도적 보완점에 대한 논의가 충분히 담겨있다. 여기서는 몇 가지만 간추려 제시하겠다.

첫째, 배당 정책을 개선해야 한다.

여전히 상당수 기업의 배당성향은 너무도 낮다. 이익금을 주주들에게 주지 않고 사내유보금 명목으로 곳간에 쌓아둔다. 이러한 유보금으로 자사주를 사들여 지배주주의 경영권을 공고히 하는 데 사용한다. 자사주 매입의 명목은 주주가치 제고이지만 실상은 지배주주만을 위한 경우가 많다. 그런 편법이 불가능하도록 법이 제정되어야 한다. 지배주주가 배당성향을 높이도록 적극적인 유인책도 필요하다. 기업이 번 돈 중에 인건비와 비용, 세금까지 제한 이익 중 극히 일부를 주주들에게 나눠주고 있다. 그런데 그 쥐꼬리만 한 배당에조차 세금을 부과한다. 이중과세로 불합리하다. 이런 상황에서 배당금 결정권을 가진 이사회가 배당을 늘릴 리 없다. 지배주주의 눈치를 봐야 하기 때문이다. 지배주주가 각종 급여 명목이 아니라 배당을 통해서 경영 성과를 가져갈 수 있는 환경을 만들어줘야 한다. 그러려면 배당소득 분리과세 확대가 필수적이다.

둘째, 상속증여와 관련한 세제를 개편해야 한다.

자신이 쌓아올린 부를 자식에게 물려주면서 엄청난 세금을 내고 싶어 하는 사람은 없다. 물론 이들이 저마다 탈세를 하도록 용인해줘선 곤란하다. 그렇게 해선 사회가 돌아가지 않는다. 주식회사의 경우 지배주주의 합법적 탈세 노력이 나머지 주주의 피해로 이어진다. 그 이유는 현재 상속증여세 부과기준이 시가총액이기 때문이다. 지배주주는 세금을 적게 내기 위해 주가를 인위적으로 누른다. 방법은 많다. 매년 이익을 많이 내면서도 PBR(주가순자산비율)이 1 이하인 기업이 꽤 많다. 기업이 가진 순자산보다도 낮은 주가를 적용받는 것이다. 이런 편법을 막으려면 상속증여세를 순자산가치기준으로 부과할 필요가 있다. 지배주주가 상속세를 아끼려는 이유로 주가를 누르는 동안, 그 기업에 투자한 선의의 투자자들은 피해를 입는다. 그런 일이 없도록 해야 한다.

셋째, 금융 범죄에 대한 처벌을 강화해야 한다.

한국은 금융 범죄, 즉 화이트칼라 범죄에 관대하다. 배가 고파 라면을 훔친 사람은 실형을 살지만, 수백억 원을 횡령한 사람은 집행유예로 풀려나는 경우를 흔히 목격한다. 심지어 그런 범죄를 저지르고도 경영자 지위를 유지한다. 회사 자금을 횡령하는 등 중대범죄를 저질렀을 때는 지분이 많아도 의결권을 박탈하는 법안이 나와 줘야 한다. 회사 돈을 탐내다가 회사 자체를 잃을 수도 있다는 경각심을 심어주어야 한다.

넷째, 보다 성숙한 주주자본주의를 위한 기업 지배구조 개선이 시급하다.

우리나라가 한 단계 더 선진사회로 진입하려면, 현재와 같은 불공정한 자본시장 구조가 반드시 개선되어야 한다. 기업은 국가와 국민 등 여타 사회 구성원의 조력으로 성장하고 그 과실을 만끽한다. 그러므로 기업은 단순히 몇몇 지배주주의 소유물이 아니다. 기업이 공정하고 정의롭고 가치와 의미 있는 행보를 해야만 국가가 부강해지고 국민도 행복해진다. 더군다나 주식투자가 자랑스러운 것이 되려면 투자의 대상인 주식회사가 본래의 목적에 맞게 건강하게 영위되어야 한다. 이를 위한 기초적 전제사항으로 '이사의 선관의무'를 규정한 상법의 조항들이 실효성 있게 적용되어야 한다. 즉 기업을 경영하는 대표이사를 포함한 경영진이 회사나 자신들의 이익을 위해 제삼자의 권익을 침해하거나 과도하게 권한을 남용하는 일이 없어야 하며, 어디까지나 신의성실 의무(fiduciary duty)에 따라 의사결정하고 경영 행위를 하도록 강제해야 한다.

또한 선진국의 경우 지배주주보다 상대적으로 불리할 수밖에 없는 일반 주주에게 우월권을 부여하는 비지배주주 다수결 제도(majority of minority)와 같은 약자를 위한 법과 제도가 만들어져 있다. 그런데 여전히 우리나라의 거의 모든 법과 제도는 기업에 유리하게 되어 있다. 또한 기업은 이를 전적으로 지배주주에게만 유리하도록 해석하고 활용한다. 그러니 황제경영이니 지배주주 일가의 갑질경영이니 하는 행태가 근절되지 못하는 것이다. 지배주주든 일반 주주든 주주가 갖는 비례적 이익이 잘 보호되고 행사될 수 있도록 해야 한다.

이 외에도 투자자로서 제안하고 싶은 것은 너무도 많다. 능력이 검증되지 않은 2~3세 경영, 회사 편을 들며 거수기 노릇을 하는 사외이사제도, 고객의 투자 성공을 위해 노력하기보다 수수료 수입에만 골몰하는 증권사, 건전한 투자문화를 선도하고 주주권한을 적극적으로 행사해 기업가치를 증대시켜야 하는데도 시세차익만 생각하는 기관 투자자, 기업 편에 서서 부화뇌동하는 언론까지⋯. 쓴소리를 하고 싶은 대상은 너무도 많다. 무엇이든 저절로 바뀌지는 않는다. 법을 입안하는 국회 스스로가 투자환경을 개선하고자 하는 적극적인 의지를 가져야 한다. 사회 지도층의 자본시장에 대한 인식이 너무도 일천하다. 국민들의 자본시장에 대한 이해가 높아져야 하고, 금융 문맹이 해소되어야 한다. 횡령 같은 금융 범죄가 발생했을 때 전 국민이 분노하고 불매 운동을 벌이는 등 적극적으로 응징해야 한다. 그래야 비로소 조금씩 바뀔 수 있다.

단기간에 바뀔 리 없다. 개선되었다가도 관심을 가지지 않으면 후퇴한다. 우리나라 주식시장이 꾸준히 발전하고 그 안에서 기업들이 성장하며, 그런 기업들이 우리의 일자리를 만들어내는 선순환을 상상한다. 그러자면 미래세대 역시 자본시장을 이해하고 활용할 수 있어야 한다. 밥상머리 경제 교육의 중요성을 누누이 강조하는 이유다. 학교 공부도 중요하지만 자본주의에서 잘 살기 위해서는 자본주의에 대한 올바르고 깊이 있는 이해가 우선되어야 한다.

초중고 교과목에 투자 경제 교육을 꼭 넣었으면 하고 바란다.

우리는 자본주의 사회에서 살고 있다. 지금의 초등학생이 성인이 되어서도 자본주의 사회에서 살아갈 것이다. 그런 아이들에게 자본주의의 꽃인 주식시장과 금융경제를 가르치지 않는다는 것이 오히려 문제다. 민주주의 사회에 살아갈 아이들에게 민주주의를 가르치듯, 자본주의 사회에 살아갈 아이들에게 자본주의를 가르쳐야 한다. 투자 경제 교육은 의무교육 과목에 꼭 포함시켜야 한다고 생각한다. 투자 문맹, 금융 문맹이 없어지면 우리 자본시장은 더 튼튼해질 것이다.

내가 생각하는 주식투자는 농사다. 농부처럼 부지런하고 우직하게 투자하면, 누구나 풍성한 열매를 거둘 수 있다. 독자들 역시 이 책을 읽고 농부의 마음으로 공부하기 바란다. 또한 농부의 마음으로 끈기 있게 투자를 해나가길 바란다. 더 많은 이들이 부자가 되어 우리나라 경제 성장에 기여할 수 있기를 간절히 바란다.

감사의 글

나에게 자본시장은 '세상을 보는 창'이었다. 자본시장을 통해서 세상을 배우고 성장했다. 감사할 일이다. 그동안 주식투자와 관련되어 모두 5권의 책을 집필했다. 신문이나 잡지에 칼럼도 쓰고 대담도 하고 강연도 하고, 주식투자와 관련된 인터뷰 역시 수없이 해왔다. 바쁜 시간을 쪼개 그렇게 한 것은 나의 투자 철학을 공유하고 싶었고 많은 이들과 함께하고 싶었기 때문이다.

나는 주식투자가 누구나 부자가 될 수 있는 아주 넓고 큰 길이라고 생각한다. '자본시장이 서민에게도 희망이 되는 세상'을 꿈꾸며 살아왔다. 기업만이 고성장하고 발전해가며, 그곳에 많은 돈이 쌓인다. 길어진 인생, 기업의 성과를 공유하지 않고는 경제적으로 자유롭게 살 수 없다고 생각했다. 그러므로 주식투자는 선택이 아니라 필수인 세상이 되었다. 유일한 길은 아니지만 가계, 기업, 국가가 함께 잘살 수 있는 아주 넓고 큰 길이라 생각을 해왔다.

그동안 내가 쓴 책 제목만 보아도 내가 전하고자 하는 메시지는 명확하다. 《주식, 농부처럼 투자하라》, 《애야, 너는 기업의 주인이다》,《투자자의 시선》,《돈, 일하게 하라》,《주식회사의 약속》 등 농부가 농사짓듯 주식투자를 해도 성공할 수 있는 투자환경과 투자문화에 대해서 얘기해왔다. 이미 충분하다고 생각했다. 그래서 《주식회사의 약속》을 쓸 때 이것이 마지막 책이라고 생각했다.

2020년 갑자기 밀어닥친 코로나 팬데믹을 계기로 전 세계적인 주식투자 열풍이 이어졌다. 팬데믹은 불행하고 안타까운 일이지만, 자본시장과 주식투자에 대한 긍정적인 인식이 확대된 것은 주식투자자로서 반가웠다. 하지만 정확하게 투자의 본질을 모르고 투자하면 열심히 일해 번 피 같은 돈을 날리기 쉽다. 걱정도 앞섰다. 주식투자와 관련된 책들이 수없이 나오고 베스트셀러가 되었지만 실전에서 성공한 사람으로서 꼭 필요한 생생한 얘기를 해달라는 센시오 김재현 대표의 간곡한 요청을 받고 고민을 많이 했다.

김 대표의 간곡한 부탁이 아니었다면 아마도 이 책은 세상의 빛을 보지 못했을 것이다. 진심으로 감사드린다. 고민 끝에 '나는 이렇게 투자했다', '기업의 주인이 되라', '주식투자 10계명'까지 만들게 되었다. 나의 30년 주식투자 체험을 아낌없이 담았다. 적어도 내가 경험을 통해 체득한 '주식투자 10계명'에 준해서 투자한다면 많은 이들이 잃지 않는 투자를 할 수 있을 것이라 생각했다.

이 책이 나오기까지 정말 많은 분들의 도움을 받았다. 우선 오늘의 나를 있게 해준, 우리가 함께 살아왔고 살아갈 공동체인 '대한민국'과 '국민들'께 감사를 드린다. 특히 어려운 여건 속에서도 소중한 투자환경을 만들어준 기업인들과 직원들, 함께해준 투자자들에게도 감사를 드린다. 끝까지 세세하게 토론하고 의논하면서 세심하게 도움을 준 센시오 이은정 실장과 심보경 과장에게도 감사를 드린다.

일천한 지식에 책을 써보겠다고 많은 밤을 지새우며 수없이 얘기하고 토론하면서 의견을 주고 도와준 분들이 너무도 많다. 내가 그동안 투자를 하면서, 또 생활하면서 함께한 모든 분들이 나의 스승이자 동반자다. 단언컨대 나는 그분들과 함께함으로써 비로소 성장하고 발전해올 수 있었다. 이 자리를 빌려 진심으로 감사를 드린다.

특히 이 책이 나오기까지 끝까지 함께하면서 많은 의견을 주고 지도를 해준 함께하는 동료 정재연 팀장에게 감사를 드린다. 최수현, 박준형 연구원과 박혜주 대리에게도 감사를 드린다. 어려운 문제가 있을 때마다 항상 조언을 구하는 조현찬 사장과 구성훈 사장에게도 심심한 감사를 드린다.

주식투자를 전업으로 하는 남편과 가장을 둔 아내와 가족들의 삶은 어땠을까? 시황의 흐름에 따라 마음을 졸이며 살았을 순간들이 많았음에도 불구하고, 내색하지 않고 늘 믿고 응원해준 나의 사랑하는 가족들에게 감사의 말을 전한다.

이 책은 돌아가신 어머니의 삶을 반추하며 쓴 기록이다. 어머니의 눈으로 세상을 바라보면서 어머니가 꿈꾸는 세상, '모두가 다 함께 더불어서 잘살았으면 하는 소망'을 담았다. 오늘의 나를 있게 해준 부모님과 가족들을 돌아보며 이 책을 어머니 영전에 바친다. 부디 이 책이 투자자들에게 조금이라도 도움이 되었으면 하는 마음이다.

사당동 어머니 집에서
주식농부 **박영옥**

주식투자 절대 원칙

초판 1쇄 발행 2021년 11월 1일
초판 16쇄 발행 2024년 7월 15일

지은이 박영옥
펴낸이 정덕식, 김재현
펴낸곳 (주)센시오

출판등록 2009년 10월 14일 제300-2009-126호
주소 서울특별시 마포구 성암로 189, 1707-1호
전화 02-734-0981
팩스 02-333-0081
메일 sensio@sensiobook.com

외부편집 이은정
디자인 Design IF
사진 LEAF Studio

ISBN 979-11-6657-042-1 03320

소중한 원고를 기다립니다. sensio@sensiobook.com